中国矿业大学(北京)2023年本科教育教学改革与研
"课程思政融入第二课堂研究"(J23ZX19)阶段性成

蔡元培完全人格教育
思想研究

郑 宏 高来举 著

群言出版社
QUNYAN PRESS
·北 京·

图书在版编目（CIP）数据

蔡元培完全人格教育思想研究 / 郑宏，高来举著 .
北京：群言出版社，2025. 4. -- ISBN 978-7-5193
-1063-9

Ⅰ. G40-092.6

中国国家版本馆 CIP 数据核字第 2025M52H78 号

责任编辑：孙华硕
封面设计：李士勇

出版发行：群言出版社
地　　址：北京市东城区东厂胡同北巷 1 号（100006）
网　　址：www.qypublish.com（官网书城）
电子信箱：qunyancbs@126.com
联系电话：010-65267783　65263836
法律顾问：北京法政安邦律师事务所
经　　销：全国新华书店

印　　刷：北京九天万卷文化科技有限公司
版　　次：2025 年 4 月第 1 版
印　　次：2025 年 4 月第 1 次印刷
开　　本：710mm×1000mm　　1/16
印　　张：11.5
字　　数：210 千字
书　　号：ISBN 978-7-5193-1063-9
定　　价：68.00 元

前　言

　　蔡元培（1868—1940）先生是近代中国新教育、新文化、新学术的开拓者和奠基人之一。他的完全人格教育思想作为丰厚的思想遗产，对当代人格培育仍有重要的启发意义。

　　蔡元培完全人格教育思想是在近代中国遭遇民族危机和文化危机双重挤压的时代背景下，对教育应如何培养现代人这一核心命题的思考，在中国近代思想文化史上产生了深远的影响。蔡元培所提出的完全人格教育思想是符合时代发展要求、具有前瞻性且富有研究价值的教育思想。当前，重新分析影响其完全人格教育思想形成的时代背景，梳理其思想的核心内容，重新概括和提炼他对现代教育理念、教育实践以及对中国社会文化发展走向所产生的深远影响，具有十分重要的现实意义和时代价值。基于此，本研究从蔡元培的生平及其教育论著等相关文献入手，借助马克思主义文化学的理论视野，对蔡元培完全人格教育思想展开新的剖析，力求为现代教育理念和马克思主义文化理论在当代中国的发展提供新的观点。

　　首先，本书从近代中国社会转型的角度对蔡元培完全人格教育思想的形成进行考察。随着对近代中国民族危机、文化危机以及走出危机出路的认识的深化，蔡元培对如何培养人的认识，经历了从培养精英人才到培养现代性国民，再到培育具有完全人格的新人的转变。在蔡元培看来，完全人格直接关乎社会重建与国家隆盛，因此他重视从根本上启蒙人、解放人，培育具有完全人格的现代人。从理论来源看，完全人格教育思想是在汲取儒家传统教育思想、西方人文主义教育理念和严复教育救国思想精髓的基础上逐渐形成的。

　　其次，本书对完全人格教育思想的内容展开讨论，这也是本研究的核心问题。通过文本分析，本研究发现蔡元培视完全人格为现代人不可或缺的重要品质，主要包括身心和谐、知情意统一、个性与群性调和三重意涵。他认为培育完全人格的核心在于发展个体的德、智、体、美等方面的潜能，使其在体力与智力、道德与审美等方面都得到充分发展，同时通过各育和谐互育，将人培养成为集崇高道德和渊博学识、健康体魄和审美情趣于一体的"新人"。

蔡元培在近代中国教育史上的重要性不仅在于他有新的教育思想，更重要的是他将其教育理念付诸教育实践。在分析了其完全人格教育思想核心内容的基础上，本书对蔡元培如何将完全人格教育思想贯彻于推动中国现代化的实践进行了深入探讨，主要讨论了他三方面工作：第一，在民初新旧思想文化博弈的关键时期，蔡元培通过确立现代教育方针、厘定新学制，为培育完全人格提供坚强的制度保障。第二，废止读经和取消文实分科，为青年学生解除了思想边界与精神桎梏，革除文理分驰的弊端，在推进思想启蒙的同时，确立起培育完全人格所需的现代知识框架。第三，他以完全人格教育思想来改造北京大学，使北大焕然一新，也使完全人格教育思想进一步在实践中得到了验证和丰富。

在此基础上，本书运用马克思主义的相关理论，对蔡元培完全人格教育思想的重要意义、存在的问题进行探寻。通过对完全人格与人的全面发展的比较分析发现，在人的完整性与能动性，个性与社会性的关系，以及人的素质和能力的全面、和谐发展等方面，蔡元培的完全人格教育思想与马克思主义文化理论存在相通之处。受历史阶段和现实条件限制，蔡元培教育思想也具有一定的局限性：民族危机中的急迫与仓促导致蔡元培未能来得及从学理上对中西文化的本质差异进行深刻剖析；单纯突出了教育的社会改造功能，未能深刻理解社会对教育的制约；脱离现实社会关系来理解人的本质，带有主观唯心的色彩。这些局限性虽有个人特质因素的影响，但更多地带有社会剧烈变革时期的历史烙印。

最后，本书对蔡元培完全人格教育思想的历史影响与现实启示进行分析阐释。一方面，蔡元培以教育文化为场域，尝试以完全人格教育思想推动人格的独立解放，有力推动了新文化运动和近代中国社会思潮变迁，也为马克思主义在中国的早期传播创造了有利条件，为现代教育体系的建立奠定了基础。另一方面，蔡元培对成就完全人格的思考和不懈追求，为当代培育时代新人、推动科学精神与人文精神和合共生、发挥美育在完全人格培育中的积极作用提供了镜鉴。

目　录

绪　论

第一章　蔡元培完全人格教育思想形成的时代背景和理论渊源

第二章　教育乃成就人格之事业——蔡元培完全人格教育思想的核心内容

第三章　教育与中国的现代化——蔡元培完全人格教育思想的社会实践

第四章 蔡元培完全人格教育思想的意义与局限性

第五章 蔡元培完全人格教育思想的影响与启示

绪　论

一、选题背景

人是现代化的主体，人的发展是现代化的终极目标。人的发展首先是自然的、物质的，更是历史的、文化的、社会的进步和改善，实现人的现代化就是使人具备与社会的全面现代化需求相适应的现代素质、现代思维方法和价值观念。现代化的核心和本质是实现人的全面发展，只有实现人的现代化才能持续促进社会的发展、进步和完善。社会作为由具体的人组成的集合体，不仅是人的生存方式和生活场域，更将"社会性"深深烙印在人的基因之中，成为文化与文明的源头活水。人的现代化既是社会全面现代化的目的与归宿，也是人在物质层面改进自身生存状态并从精神层面自我观照的必经之路。

人的现代化必须建构在人格现代化的基础上。美国知名社会学家阿历克斯·英格尔斯指出："一个国家，只有当它的人民是现代人，它的国民从心理和行为上都转变为现代的人格，它的现代政治、经济和文化管理机构的工作人员都获得了某种与现代化发展相适应的现代性，这样的国家才可真正称之为现代化的国家。"①从马克思主义文化学视角来看，人类文明的发展历史就是人的主体性不断增强，人格不断独立完善、趋于自由而全面发展的过程。马克思在《1857—1858年经济学手稿》中将"人"的历史发展分为三个阶段，即古代社会的"人的依赖关系"、近代社会建立在"以物的依赖性为基础的人的独立性"和未来社会建立在全面发展基础上的"自由个性"②。可见，"人"的历史发展就是一部从"人格依附"到"人格独立"再到"自由个性"的"历史教化过程"③。

人的现代化离不开教育的滋养。教育对推动人格从传统向现代、从不完整向完整转变，实现人的全面发展，进而推动社会的进步发挥了重要作用。在当代中

---

① ［美］英格尔斯等：《人的现代化》，殷陆君编译，成都：四川人民出版社，1985，第8页。
②《马克思恩格斯文集》（第8卷），北京：人民出版社，2009，第52页。
③ 李文堂：《马克思关于"人"的概念》，《南京大学学报（哲学·人文科学·社会科学版）》，2010（6），第13页。

国，讨论人、教育与社会发展之间关系的问题，就无法绕开蔡元培的完全人格教育思想。近代以来，中华民族遭遇"三千年未有之大变局"，一批又一批仁人志士携各种旨在挽救民族危亡的社会思潮竞相登场，试图探寻解决"中国将向何处去"这一历史课题。面对国家蒙辱、人民蒙难、文明蒙尘，蔡元培并不满足于做一般的文化反省，而是希望从更深层次来寻找民族自强的出路。他发现近代中国与西方国家相比，真正落后的是人。而实现国家现代化，人是基础和关键，教育则是培育现代人的基本路径。因此，蔡元培选择以培育具有完全人格的新人为目标，践行教育救国、文化强国，尝试以思想文化变革来引领社会发展，实现国家富强、民族复兴。一方面，他从改革思想观念入手，以塑造完全人格为目标、以德、智、体、美四育为内容，培育具有新"价值观、思维方式和文化活力"的现代人，为国家建设培养人才[①]。另一方面，他强调理论与实践的辩证统一，坚持坐言起行，将完全人格教育思想具体化为各种政策、措施和制度，建立适应中国社会、经济、文化发展所需要的近代教育体系和教育制度，将北京大学改造为中国高等教育的"灯塔"和"新文化的示范区"，对整个思想文化界都产生了广泛而深远的影响[②]。

同时，蔡元培把人的全面发展作为教育改革的终极目标，把人格完善、人性提升与培育时代新人、孕育新文化结合起来。他强调"教育是帮助被教育的人，给他发展自己的能力，完成他的人格，于人类文化上能尽一分子的责任"[③]。因而他能够站在促进人类文明进步的高度来理解教育的意义。蔡元培教育思想本身所内含的高远追求就要求研究蔡元培教育思想不能局限于教育领域本身，而需要从更为宏阔、更为深远的视角，即从马克思主义文化学视角来阐释蔡元培的完全人格教育思想，才能真正诠释出其思想深邃的内涵和意义，才能为当代实现教育强国、文化强国，实现中华民族伟大复兴提供有益的思想借鉴。由此可见，研究蔡

---

① 李文堂：《坚定文化自信激发人民文化创造活力》，《中国党政干部论坛》，2021（2），第 45 页。

② 郑师渠：《反思现代性思潮——一个研究五四精神的新视角》，《中国社会科学院报》，2009-4-16（03）。

③ 中国蔡元培研究会编：《蔡元培全集》（第 4 卷），杭州：浙江教育出版社，1997，第 585 页。

元培的完全人格教育思想对于深入讨论教育的当代文化使命这一命题具有极为重要的理论价值和现实意义。

二、蔡元培完全人格教育思想的研究现状

蔡元培是我国近代历史上卓越的教育家、思想家，新文化运动的先驱。他的教育思想以及他一生所成就的事业，影响久远，为后人留下了一笔丰厚的精神遗产。自二十世纪八十年代起，蔡元培著作和年谱相继结集出版，为学界开展相关研究提供了重要参考。如 1984 年中华书局出版了由高平叔编著的《蔡元培全集》（7 卷）。1997 年至 1998 年浙江教育出版社出版了《蔡元培全集》（18 卷），这是迄今为止收录最为齐全、最具权威性的文集。2011 年人民教育出版社出版了由高平叔编著的《蔡元培教育论著选》，收录了 280 多篇有关蔡元培教育思想的作品，集中反映了其现代教育思想和治学治教理念。这一时期，蔡元培先生年谱、传记等也相继问世。孙常炜编著的《蔡元培先生年谱传记》（上、中、下）相继于 1985 年至 1987 年在台北出版。1996 年起人民教育出版社陆续出版了由高平叔编撰的《蔡元培年谱长编》（4 册）。1998 年由王世儒编撰的《蔡元培先生年谱》（上、下）由北京大学出版社正式出版。与此同时，有关蔡元培的评传也不断问世，其中比较有学术和史料价值的有周天度的《蔡元培传》（1984 年）、唐振常的《蔡元培传》（1985 年）、胡国枢的《蔡元培评传》（1990 年）、张晓唯的《蔡元培评传》（1993 年）和崔志海的《蔡元培传》（2009 年）。这些资料记录翔实，内容丰富，具有重要的史料价值，为深入研究蔡元培完全人格教育思想提供了有益参考。

（一）国内研究现状

近二十年来，国内学界有关蔡元培研究的论文数量不断攀升，专题研究蔡元培的论著也不断问世，可见蔡元培作为近代知识界的风范人物已经进入到公众的视野。通过对中国国家图书馆图书资源数据库和中国知网论文数据库进行信息检

索后可以发现，国内现有的研究成果大致可以分为以下三类：

1. 有关完全人格教育思想来源的研究

学界有关蔡元培完全人格教育思想来源的研究始于二十世纪八十年代，早期研究的代表性学者有高平叔、萧超然、梁柱、赵正林等。后来随着国内"文化热"的兴起和推行教育改革的呼声的高涨，有关蔡元培完全人格教育思想来源的研究引起了学界更为广泛的关注。与早期研究成果相比，后来学者们的研究思路更加开阔，研究的内容不仅结合了蔡元培本人的阅读史、个人生平经历，而且与哲学、词源学、文化学等专业形成了交叉视野，由此逐渐确立起对完全人格教育思想来源的研究。

有学者就提出欧洲近代人文主义教育传统对蔡元培完全人格教育思想形成产生了深远的影响。张汝伦在《思考与批判》中就提出蔡元培在卢梭、裴斯泰洛齐等人影响下，坚持把人性与人格培养作为最高的教育目标，以受教育者为本位，通过教育使其个性和能力得到全面、和谐的发展。进而他得出蔡元培与洪堡有相近的教育主张和事功，"主要不是由于前者受后者的影响，而是他们有共同的思想渊源"[①]。这里所说的共同思想渊源就是欧洲近代人文主义教育思想。由此也澄清了多年来研究者们普遍认为蔡元培在德国留学，并且同样对大学教育感兴趣，就想当然地认为蔡元培是受洪堡教育理念的影响这一误区，而是将完全人格教育思想从源头上又向前推进了一步，追溯到欧洲近代人文主义教育传统。

但是上述观点只是一家之言，还有学者认为从词源学出发也能够佐证和梳理完全人格教育思想的来源。沿着这个思路，一些学者开展了对"人格"的词源溯源研究。如肖川在《蔡元培教育思想的现代诠释》一文中就从词源学上对中西文化中的"人格"概念进行了梳理，进而提出蔡元培的完全人格教育思想将"中国传统文化对于理想人格的追求和西方现代文明对于自由、民主、平等、人权的追求"结合在一起，赋予其新时代的特征，对于推动中华传统文化的现代性转化做出了重要贡献[②]。朱义禄在《儒家理想人格与中国文化》中提出"人格"一词源于

---

① 张汝伦：《思考与批判》，上海：上海三联书店，1999，第102页。
② 肖川：《蔡元培教育思想的现代诠释》，《教育发展研究》，2000（12），第53页。

拉丁文 persona（面具），是一个充满歧义性而又为多种学科所广泛引用的术语，涉及社会学、法律、伦理学、哲学、心理学等学科，因而"应当从更为宽泛的文化人类学的视野"去探索人格的形成①。

此外，对中西文化的溯源也是考察蔡元培完全人格教育思想来源的一个重要维度。刘月新教授在《康德的知、情、意与中国现代理想人格的建构——以蔡元培、王国维、梁启超的美学思想为例》中指出，蔡元培"以康德的知、情、意理论为基点，融合儒家的理想人格学说，提出了中国现代理想人格建构的理论范式"②。但是他认为蔡元培所构建的完全人格学说带有"很强的传统文化印记，道德人格始终处于核心地位，审美只是培养道德人格的途径"③。与之不同，叶隽在其研究成果中指出："以王国维、蔡元培等为代表的那一代知识精英，因其机缘巧合……进而得窥以德意志为主的欧洲精神世界并援为资源。从这个意义上来说，欧洲知识成为一种重要的文化资源而介入了现代中国的精英规训世界。"④马芹芬在《越文化视野下的蔡元培及其美育思想》一书中从越地的文化特点出发来讨论其对蔡元培完全人格教育思想所产生的深刻影响。她认为越文化中所蕴含的勇猛刚毅、理性务实、开放包容和兴学重教的文化精神"渗透在蔡元培骨子和血液"中，是影响其完全人格教育思想形成的一个重要来源⑤。

通过对完全人格教育思想来源的相关研究成果进行梳理和分析可以发现，其思想来源极为丰富，这也反映出蔡元培本人具有兼容并包的文化视野和学术胸怀，因而很难说哪一种具体的理论或思想对蔡元培完全人格教育思想的形成产生了决定性作用。因此，对完全人格教育思想来源的研究，有必要从更为宏阔的马克思主义文化学视野出发来考察其思想来源，以历史唯物主义为基本出发点，去探索

① 朱义禄：《儒家理想人格与中国文化》，沈阳：辽宁教育出版社，1991，第5页。
② 刘月新：《康德的知、情、意与中国现代理想人格的建构——以蔡元培、王国维、梁启超的美学思想为例》，《黄冈师范学院学报》，2021（2），第78页。
③ 刘月新：《康德的知、情、意与中国现代理想人格的建构——以蔡元培、王国维、梁启超的美学思想为例》，《黄冈师范学院学报》，2021（2），第80页。
④ 叶隽：《王国维、蔡元培等人对德系资源的比较接受及其相关教育思想》，《教育学报》，2009（3），第118页。
⑤ 马芹芬：《越文化视野下的蔡元培及其美育思想》，北京：中国社会科学出版社，2017，第200页。

中西文化对蔡元培完全人格教育思想的形成所产生的深远的影响。

2. 有关完全人格教育思想内涵的研究

与完全人格教育思想来源研究同时兴起的还有关于完全人格教育思想内涵的研究。早期研究比较有代表性的学者有潘懋元、董宝良、田正平等，他们专注于从教育学学科视野出发来阐释蔡元培的教育思想内涵。后来，随着金林祥、汤广全、韩延明、江峰等学者加入蔡元培研究的行列中，学界对完全人格教育思想内涵的阐释和研究更加深入和丰富。如金林祥在《蔡元培教育思想研究》中侧重从男女平权的角度来阐释蔡元培完全人格教育思想的内涵。他认为女子具有完全人格不仅体现在经济、政治上享有与男性同等的权利和地位，而且享有同样的受教育的权利。他认为蔡元培教育思想的积极意义在于通过开展女子完全人格教育，革新传统女子教育观念，提高女性的社会地位，最终实现女性的解放。

还有学者认为完全人格教育思想的内涵主要体现为独立性和主体性等方面。汤广全在他的研究成果中侧重从独立性的视角对完全人格的内涵进行了诠释。他认为无论是蔡元培提出的五育并举教育观、大学教育理念还是教育独立的思想，都是旨在培养独立的人格。他认为培养完全人格主要有两重作用，一是"使国人能够独立自主，担当建设国家的重任，以促进中国社会的进步"；二是"使国人能够养成自由、平等的精神，以促进思想的解放"[1]。这两重作用的落脚点都是为了培养人格的独立性。汤广全进而指出蔡元培把国家富强、民族独立与健全的人格教育联系在一起，"把教育的个体本位和社会本体有机地嫁接在一起"，正是蔡元培作为伟大教育家的思想魅力所在[2]。韩延明在《蔡元培、梅贻琦之大学理念探要》一文中指出"完全人格教育是尊重大学生主体地位的教育"，进而分别从知、情、意和群性与个性统一两个方面来阐述完全人格的基本内涵[3]。他认为蔡元培以"'培养学生之完全人格'作为大学教育的理想追求，以多育和谐发展作为养成学生完全人格的具体途径"，对推动资产阶级民主教育的进步产生了重

[1] 汤广全：《教育家蔡元培研究》，济南：山东人民出版社，2016，第241页。
[2] 汤广全：《教育家蔡元培研究》，济南：山东人民出版社，2016，第246页。
[3] 韩延明：《蔡元培、梅贻琦之大学理念探要》，《高等教育研究》，2001（3），第91页。

要影响①。

此外，有关完全人格与健全人格是否存在本质差别的问题，也曾一度引起学界热议，至今并未达成一致意见。蔡元培在其各类论著、演说中时而用完全人格，时而用健全人格，而他本人对此并未做出专门的解释，以至于学界常常将二者作为同义词混用，未曾关注到二者之间的逻辑关系。如黄书光在《论蔡元培的教育哲学观》中就认为完全人格和健全人格二者没有本质区别。他指出："所谓'完全人格'又称'健全人格'，特指体、智、德、美诸方面和谐发展的理想人格。"②有学者则持不同意见。如江峰在《蔡元培的完全人格教育思想刍议》一文中就对完全人格的内涵进行了多维度的解读。他认为完全人格和健全人格二者之间是存在一定差别的。二者的本质区别在于完全人格侧重强调教育的"目的"，而健全人格重在突出育人的"过程"③。本书认为对完全人格和健全人格的内涵进行区分是非常必要的，能够更好地凸显出教育理论与教育实践二者之间的互动关系，这样的一种互动关系也是以马克思主义文化视野来考察蔡元培完全人格教育思想内涵不可或缺的一个重要维度。

3. 有关完全人格教育内容的研究

有关完全人格教育内容的研究一直是蔡元培教育思想研究的重点和热点。1980年全国马克思主义教育思想研究会提出"德智体全面发展"的议题，从而引发了学界对人的全面发展含义的热烈讨论。其中一些学者将研究视野投向蔡元培的完全人格教育，希望通过对完全人格教育的内容做进一步分析和阐释，从而汲取其中具有科学性和民主性的内容，为社会主义现代化建设"培养出大批的在德智体美几方面都能得到发展的人才"④。随着二十世纪九十年代以来国内推行教育改革的呼声越来越高，人们从关注应试教育转向关注人的素质的全面发展，越来越多学者选择聚焦于研究蔡元培教育思想中某一种具体的教育内容，并与伦理学、

---

① 韩延明：《蔡元培、梅贻琦之大学理念探要》，《高等教育研究》，2001（3），第91页。
② 黄书光：《论蔡元培的教育哲学观》，《福建论坛（人文社会科学版）》，2001（4），第95—96页。
③ 江峰：《蔡元培的完全人格教育思想刍议》，《中国德育》，2019（19），第38页。
④ 董宝良：《论蔡元培的全面和谐发展教育思想》，《教育研究与实验》，1982（1），第44页。

哲学、美学、体育学等形成了交叉视野，对蔡元培教育思想做出了更为深刻的剖析，其中比较有代表性的学者有班建武、袁洪亮、聂振斌、杜卫、柴云梅等。他们的研究成果依据内容大致可以分为德育、美育、体育三个方面。

首先，德育历来是蔡元培完全人格教育思想研究的重中之重。以往的研究成果主要采用把德育等同于公民道德教育的研究范式，对此，班建武提出了不同的看法。他的研究成果《适应与超越：蔡元培德育思想的两个向度》突破了传统的研究范式，而是"从适应性和超越性的角度，重新阐释蔡元培德育思想的价值追求"，并将蔡元培未能在字面上明言的道德的超越性品质纳入德育的范畴，为理解蔡元培的教育方针为何会从"五育"转变为"四育"提供了新的理论依据，对德育研究富有启发意义[①]。另外，对德育思想的现代性转化的关注也是学界研究的重点。杨姿芳在其博士学位论文《"德育实为完全人格之本"——蔡元培道德教育思想研究》中系统梳理了蔡元培道德教育思想的理论基础、逻辑架构、主要观点和现实意义。她指出，"德育实为完全人格之本"是蔡元培道德教育思想实现从传统向现代转换的关键。她认为蔡元培之所以如此重视道德教育，并把它作为塑造完全人格的核心内容，源于蔡元培把"唤醒主体的道德意识"视为"人格健康完整的根本标志"[②]。陈二祥的博士学位论文《蔡元培德育思想现代性问题研究》将蔡元培德育思想置于近代中国现代性转型的背景中，围绕实现人的现代化来探索如何培养具有"健全人格"的"新民"，促进国民由"传统人"向"现代人"的转变。陈剑旄撰写的《蔡元培德育思想及其当代价值》提出蔡元培的德育思想遵循"主体性原则"和"诸育并举、协调发展的原则"，强调尊重受教育者的个性发展的客观规律，同时把德育摆在教育的首位，并与智育、体育、美育相互渗透，相互促进[③]。这两个原则的提出对于本书提出"融合互育"的观点具有重要的启发意义。

---

① 班建武：《适应与超越：蔡元培德育思想的两个向度》，《现代大学教育》，2009（6），第82页。
② 杨姿芳：《"德育实为完全人格之本"——蔡元培道德教育思想研究》，博士学位论文，武汉大学伦理学专业，2012，第5页。
③ 陈剑旄：《蔡元培德育思想及其当代价值》，《思想政治教育研究》，2004（4），第23页。

2020 年至 2021 年，《文史哲》期刊陆续刊发了数篇有关公私德之辩的理论研究，引发了有关公德与私德问题的思想论战。其中陈乔见的《清末民初的"公德私德之辩"及其当代启示——从"美德统一性"的视域看》以蔡元培的《中学修身教科书》为文本依据，对蔡元培所列举的修身内容依照私德与公德的框架进行了重新划分，并指出"个人道德品性具有统一性，也是一切公私道德的源泉"①。以公德和私德这对概念性框架来剖析蔡元培德育思想，进一步拓展了德育思想研究的理论方法。

其次，美育作为蔡元培完全人格教育思想最独具特色的部分，也得到学界越来越多的关注。特别是近年来随着国家对于美育工作重视程度的不断提升，也带动了学界对于蔡元培美育思想的研究热情，使其成为近年来的研究热点。聂振斌是国内较早研究蔡元培美育思想的学者，他在《蔡元培的美育思想及其历史贡献》一文中分别从美育方针、美育实践、美育与宗教等方面入手对蔡元培的美育思想进行了较为全面的阐述。他指出："美育的根本目的，是为了受教育者自身的全面发展，因而最突出地体现现代教育'以人为目的'的宗旨，也是教育现代性的集中表现。"②后来的学者接续美育与宗教这个话题做了更进一步的剖析。如杜卫在《"感性启蒙"："以美育代宗教说"新解》中就突破了长期以来把"以美育代宗教"主张放置在教育救国论框架下予以考察的研究范式，而是着眼于塑造完整人格的"感性启蒙"，将其理解为具有启蒙色彩的美育理论。他认为蔡元培美育思想的现代性体现在"在感性领域建立启蒙理性的精神"③。李清聚在分析"以美育代宗教"思想形成的历史文化背景、主要内容和理论基础上，指出"以美育代宗教"的精神实质"就在于拯救国家危亡、重建社会信仰、实现教育独立、养成健全人格"④。刘彦顺、张旭霞的《宗教消解、审美普遍性、礼乐制度的时间

---

① 陈乔见：《清末民初的"公德私德"之辩及其当代启示——从"美德统一性"的视域看》，《文史哲》，2020（5），第 37 页。
② 聂振斌：《蔡元培的美育思想及其历史贡献》，《艺术百家》，2013（05），第 150 页。
③ 杜卫：《"感性启蒙"："以美育代宗教说"新解》，《浙江社会科学》，2003（5），第 192 页。
④ 李清聚：《蔡元培"以美育代宗教"思想研究》，博士学位论文，南京理工大学思想政治教育专业，2012，摘要。

性——审美时间哲学视域中的蔡元培"以美育代宗教"思想》则基于时间性维度分析了蔡元培提出"以美育代宗教"的三个原因。他们认为蔡元培"以美育代宗教"的主张始于康德，终于儒家的礼乐制度，并且是"更高程度的回归或螺旋式的上升"①。当然，也有学者指出了蔡元培美育思想的不足之处。如陈望衡在《美是一种价值的形容词——简评蔡元培的美本体论》中指出："蔡元培对社会的批判是深刻的，只是他开出的拯救社会药方带有空想的性质"，"要从根本上解决当时社会的问题，还得抓住社会的主要矛盾，采取改革或革命的办法"。②

第三，越来越多的学者开始关注到体育与完全人格培育之间的重要关联，同时从不同的视角对蔡元培的体育思想展开了详细的讨论。李蕾、张军在《蔡元培的体育教育思想及时代价值探要》一文中围绕"完全人格，首在体育"这一观点，讨论了体育与完全人格教育之间的关系。他们认为蔡元培之所以将体育放在塑造完全人格的第一位，是希望借助发展体育来"达到强壮一个民族"，实现"男女平等、倡导公德的目的"，进而促进"国家发展、民族觉醒与社会进步"③。袁磊认为蔡元培对体育的重视贯穿于他的完全人格教育思想之中。他指出体格事关人格的养成，因此无论是蔡元培提出的"德、智、体、美几个方面的和谐发展"，还是"生理、身体与心理、精神两方面的协调发展，都不能离开体育"④。胡旭在《蔡元培"完全人格首在体育"的思想及实践研究》一文中指出，体育与一个国家的国民道德修养和民族素质密切相关。蔡元培以"培养'完全人格'为目标的先进体育思想开始取代封建色彩浓厚的'军国民主义体育'"在中国近代历史上具有重要意义，促进了近代体育教育的发展⑤。

---

① 刘彦顺，张旭霞：《宗教消解、审美普遍性、礼乐制度的时间性——审美时间哲学视域中的蔡元培"以美育代宗教"思想》，《淮北师范大学学报（哲学社会科学版）》，2018（2），第23页。
② 陈望衡：《美是一种价值的形容词——简评蔡元培的美本体论》，《安徽师范大学学报（人文社会科学版）》，2000（4），第499页。
③ 李蕾，张军：《蔡元培的体育教育思想及时代价值探要》，《南京体育学院学报》，2005（3），第38页。
④ 袁磊：《蔡元培的体育思想及其现实启示》，《西安体育学院学报》，2011（1），第56页。
⑤ 胡旭：《蔡元培"完全人格首在体育"的思想及实践研究》，《学校党建与思想教育》，2009（36），第27页。

综合以上，学界围绕着蔡元培完全人格教育思想来源、内涵和内容所展开的相关研究，对后来的研究，特别是对梳理蔡元培教育思想体系发挥了重要的基础性作用，是他们开辟了一个新的研究领域，让人们意识到完全人格教育思想作为一个独立的内容具有重要的研究价值，同时也吸引了越来越多的学者从不同的视角对其进行研究和剖析，进一步拓展、丰富和完善了对完全人格教育思想的研究，逐渐打开格局，形成了一个新的研究领域。本书在已有研究成果的基础上，借助马克思主义文化学理论对这些研究成果进行新的加工、提炼、分析，对提升完全人格教育思想的系统化、体系化水平，丰富和拓展马克思主义文化学研究视野和领域，推进马克思主义文化学在现实问题中的具体运用和理论创新具有一定的现实意义。

（二）国外研究现状

二十世纪七、八十年代起，随着中外文化交流的日益频繁，越来越多的境外学者对蔡元培教育思想研究展现出浓厚的兴趣，开展了一系列研究，其中比较有代表性的学者有戴维翰（William J.Duiker）、费路（Roland Felber）、鲁伯特（Eugene Stephen Lubot）等。他们的研究成果在研究视角上有着不同程度的创新，可以作为对国内研究的有益补充。其研究成果大致可以分为以下三个方面：

其一，研究蔡元培在现代中国社会革命和思想启蒙运动中的作用和影响。不同于国内学者重点考察蔡元培对教育改革所产生的影响，国外学者更加关注教育领域之外的问题。如美国学者戴维翰的博士论文《蔡元培与现代中国启蒙运动》（*Ts' ai Yuan-P' ei and the Intellectual Revolution in Modern China*）以蔡元培作为研究案例来考察中国现代知识分子在现代中国社会革命中所发挥的作用。他认为在蔡元培现代化的外表下，"跳动着一个坚强的儒家的心"①。虽然作者意识到中国和欧洲的历史发展存在本质差异，但他认为欧洲中世纪秩序的崩溃在某些重要方面与中国儒家体系的崩溃相类似。作者认为尽管儒家体系解体，

①William J.Duiker: Ts' ai Yuan-P' ei and the Intellectual Revolution in Modern China, Georgetown University, 1967, p3.

共产主义在中国兴起，但在今天中国人的世界观中许多传统价值观依然在潜移默化地发挥作用。尽管蔡元培反对维持儒家社会结构，但他从儒家的思想观念中发现了其所蕴含的普遍价值，并致力于沿着西方路线进行现代化，同时致力于维护中国社会的普遍价值观。美国学者鲁伯特发表《蔡元培从儒家学者到北京大学校长 1868—1923：一位耐心的改革者的演变》（*Ts' ai Yuan-P' ei from Confucian Scholar to Chancellor of Peking University, 1868-1923: the Evolution of a Patient Reformer*）。该成果旨在澄清有关蔡元培作为改革者的一些基本关切，确定他对中国需求和问题的定义，并理解和评估他的解决方案及其影响。研究聚焦 1898 年至 1923 年这一近代中国遭遇政治动荡、传统文化面临最严峻挑战的时间段，认为这一时期不仅整个中国遭受到了来自西方力量的挑战，个人也面临着来自西方思想的挑战，因此这个时期也成为促使蔡元培等一批敏锐的中国知识分子努力为自己和中国创造一套新的政治和道德信仰的时期。他进一步指出蔡元培思想的局限性在于试图通过"精神再生"（spiritual regeneration）和教育来改造社会，调和阶级斗争，却忽视了改变中国物质条件的迫切需求，这使得他的思想具有理想主义的特点[1]。

其二，蔡元培的教育哲学思想也成为境外学者关注的焦点。Ts' ai Yu-Hsin 的博士论文《蔡元培的教育哲学：北京大学校长》（*The Educational Philosophy of Ts' ai, Yuan-P' ei: Chancellor of Peking University*）并不是考察蔡元培对现代中国教育体系的具体影响，相反该论文重点考察了蔡元培作为中国历史上伟大教育家的哲学思想基础。该作者认为二十世纪将中国推入了一个动荡、冲突和混乱的时代——一场由国内和国际冲突引起的动荡，一场由失去国家独立和自卫权引起的危机，一场由于西方列强泛滥引发的冲突。为了满足不断变化的新需求，中国不得不开始一场必要的、适当的重新定位、改革，甚至是一场革命。作者认为，蔡元培的教育哲学思想是理解现代中国教育改革的关键和基础，其中教育哲学思想中蕴含的"折衷哲学"（eclectic philosophy）或者综合哲学

---

[1] Eugene Stephen Lubot: Ts' ai Yuan-P' ei from Confucian Scholar to Chancellor of Peking University, 1868–1923: the Evolution of a Patient Reformer, Ohio State University, 1970, p141.

（synthesized philosophy）与理性主义、实用主义、存在主义等概念相比，更能代表蔡元培的教育思想的特点[①]。

其三，对蔡元培留学德法时期的历史资料进行考证也是国外学者的研究兴趣所在。相比于蔡元培在中国现代历史上的事功，他早年留学德国时代未能引起学界的广泛关注。针对此现象，德国汉学家费路在其研究成果《蔡元培在德国莱比锡大学》中从实证角度出发，对蔡元培在莱比锡大学留学时期的档案进行了细致的考证，通过发掘史料尝试在一定程度上对历史场景进行复原。他通过对蔡元培修读课程目录、学生名册、学生索引卡片、毕业证书等史料进行条分缕析，发现蔡元培对于欧洲文明怎样过渡到近代文明这个问题特别感兴趣。费路认为蔡元培最关心是"近代化"和"现代化"问题，尤其关注"实现这种近代化过程在文化道德方面的前提条件"[②]。这一发现对于我们认识蔡元培对于教育现代化、文化现代化的态度具有重要的启示价值。与之不同，法国学者海博（Raibaud Martine）所撰写的《蔡元培与天主教教会学校》通过对史料进行分析考证，从蔡元培对教会教育的观点和天主教传教士对蔡元培的评价两个方面对蔡元培教育思想进行了评述。海博认为蔡元培教育理论的实质在于"将西方的美术观主义与中国的以美术为基础的形而上学主义相结合，将西方的实证主义与中国儒家精神相融会"，这一观点极为中肯[③]。此外，该作者从清末民初法国对中国殖民政策入手，向读者展示了不同时期天主教传教士对蔡元培教育主张的爱恨情感的变化，这是国内学界未能关注到的一个有趣现象。

总之，通过对国内外相关研究成果的爬梳可以发现，学界已经取得了不少成果，但仍然存在一定的不足之处，主要体现在：其一，国内现有研究成果中就教育论教育的多，未能深刻诠释完全人格教育思想与近代中国社会文化变迁之间的

---

① Ts'ai Yu-Hsin: The Educational Philosophy of Ts'ai, Yuan-P'ei:Chancellor of Peking University, University of Kansas, 1988, p59.

② 蔡元培研究会编：《论蔡元培：纪念蔡元培诞辰一百二十周年学术讨论会文集》，北京：旅游教育出版社，1989，第 464 页。

③ 蔡元培研究会编：《论蔡元培：纪念蔡元培诞辰一百二十周年学术讨论会文集》，北京：旅游教育出版社，1989，第 161 页。

互动关系，而国外学者在这方面则做了更多的研究工作，可以作为补充；其二，一些研究成果采用非此即彼的二分叙述模式，未能把蔡元培与胡适、陈独秀等人的文化主张区别开来，未能充分展现蔡元培教育文化思想背后所蕴含的复杂性；其三，一些研究成果聚焦于教育实践活动本身，采用史实加评价的方式进行论述，而对蔡元培完全人格教育思想和理论本身的研究有待进一步深化。

因此，本书在吸收借鉴前人研究成果的基础上，试图运用马克思主义文化理论对已有研究成果进行新的加工、提炼、分析，深入研究蔡元培完全人格教育思想的发展脉络，分析其思想背后所蕴含的学理逻辑，同时把理论与实践贯通起来，试图进一步丰富和拓展马克思主义文化学的研究领域，推进马克思主义文化学在现实应用和思维逻辑上在中国的落地、生根。同时力求通过对蔡元培的完全人格教育思想的梳理，使其更加系统全面和符合现代人才培养需要，更加深刻地阐释蔡元培教育思想的内涵及其对中国近代教育乃至整个文化、社会的影响与塑造，也为蔡元培完全人格教育思想研究提供有益参考。

三、研究思路、研究方法及创新点

（一）研究思路

本书以蔡元培完全人格教育思想为研究对象，讨论了其形成的时代背景、理论渊源、基本内涵、思想要义以及塑造完全人格的实践路径。对蔡元培完全人格教育思想的研究并未停留在思想理论层面，而是将其放置在中国波澜壮阔的现代化历史进程中予以考察，并借助马克思主义文化理论来分析蔡元培完全人格教育思想的意义和局限性，以期为当代人格培育和马克思主义文化理论的中国化提供有益的补充。除绪论外，全文主体部分共分五章。

绪论是对本书全方位的概括，主要介绍了选题缘由和研究意义，在对国内外研究成果进行回顾的基础上提出研究思路、内容和研究方法，明确了可能产生的创新点。

第一章重点从近代中国社会转型的角度对蔡元培完全人格教育思想形成的时代背景和理论渊源进行考察。第一节借助马克思主义文化理论，分别从近代社会经济、政治、文化转型对新人的呼唤来分析影响蔡元培完全人格教育思想形成的重要因素。第二节重点分析了影响蔡元培完全人格教育思想形成的三大理论资源，即儒家教育理念、西方人文主义教育思想和以严复教育救国为代表的中国近代启蒙思想。蔡元培在传统与现代、东方与西方文明的碰撞和融合中撷取各方所长，凝结形成了完全人格教育思想。

第二章是本书的核心内容，主要围绕完全人格教育思想的核心要义展开论述。首先在文本分析的基础上，对完全人格的基本内涵进行详细地阐述，并系统地提炼出完全人格被视为现代人之为现代人不可或缺的重要品质，主要包括身心和谐、知情意统一、个性与群性调和三重意涵。其次，对培育完全人格所必需的四种教育要素，即德育、智育、体育和美育进行梳理，分析每一种教育要素对于塑造完全人格的重要性。培育完全人格的核心方面就在于发展个体的德、智、体、美等方面的潜能，使其在体力与智力、道德与审美等方面都得到充分发展。最后，对各育之间的耦合关系进行分析，通过四育和谐互育，促进人格的个性化、自主化发展，最终成为完整的人，由此也重新确立起人在教育中的主体地位。

第三章重点分析蔡元培如何将完全人格教育思想贯彻于推动中国现代化进程的实践。第一，在民初新旧思想文化博弈的关键时期，蔡元培通过确立现代教育方针和厘定新学制为培育完全人格提供坚强的制度保障。第二，他宣布废止读经和取消文实分科，为青年学生注入新知识、新价值观和新理想，确立起培育完全人格的现代知识框架。第三，他以完全人格教育思想来改造北京大学，使北大焕然一新，同时也使完全人格教育思想进一步在实践中得到了验证和丰富。

第四章立足于马克思主义文化学视域来考察蔡元培完全人格教育思想的意义和局限性。首先对马克思主义相关理论进行简要回顾，从而为评析蔡元培完全人格教育思想确立一个理论参考系。通过对完全人格与人的全面发展进行比较辨析，找到二者之间的契合之处，同时为分析蔡元培教育思想的历史局限性提供了参考。

第五章着重分析了蔡元培教育思想的历史影响与现实启示。一方面，蔡元培以教育文化为场域，尝试以完全人格教育思想启蒙国人，不仅有力地推动了新文化运动的发展和近代中国社会思潮变迁，而且为马克思主义在中国的早期传播创造了有利条件，推动了马克思主义文化理论的中国化，也使得完全人格教育得到光大和发展。另一方面，蔡元培对成就完全人格的思考和不懈追求在百年后依然具有生命力，为新时代推进教育强国、文化强国提供了思想借鉴。

（二）研究方法

本书在写作过程中坚持马克思主义文化学的立场、观点和方法，史料梳理与理论分析相结合，力求准确、客观地勾勒出蔡元培完全人格教育思想的形成和发展脉络，客观评析蔡元培教育思想及其实践的意义及局限性，以求能够以点带面呈现出中国近代社会文化的发展沿革。

1. 文献分析法

对蔡元培完全人格教育思想的研究离不开对第一手资料的整理分析，其中最基础性的工作就是基于《蔡元培全集》的文本分析。1997 至 1998 年浙江教育出版社出版了 18 卷本的《蔡元培全集》，收录了蔡元培先生的演说、著作、译著、电函、日记等资料，内容翔实、丰富，具有重要的史料价值，是本研究的基础文献。高平叔和王世儒两位专家所撰写的蔡元培年谱也是研究蔡元培教育文化思想的重要文献资料。此外，蔡元培一生交友广阔，与其交往甚深的学人和后辈对蔡先生的记述和回忆，也具有重要研究价值。通过研读《杨贤江全集》《黄炎培教育文集》《蒋梦麟教育论著选》等文献资料，有助于从不同的视角加深对蔡元培完全人格教育思想及其实践的理解和把握。

再者，民国时期的教育资料汇编和报纸刊物也是研究蔡元培完全人格教育思想不可忽视的文献来源。通过对《中国近代学制史料》《民国教育公报汇编》《中国近代教育史教学参考资料》《北京大学日刊》《晨报》等历史资料的研读，有助于把握蔡元培教育思想的形成背景以及在中国从传统社会向现代社会发展转折的历史性关头，蔡元培如何为培育新人、新文化，建设新国家寻求出路。通过对这些历史文献资料的梳理和分析，有助于还原蔡元培教育思想演进、发展的历程，为开展更为深入的研究提供可靠的文本依据。

2. 比较研究法

比较研究是人们认识客观事物的一种重要方法，通过对事物之间的同一性和差异性进行分析，有助于更加全面、清晰呈现事物的本质和特点。本书将沿着横向和纵向两个维度，对蔡元培完全人格教育思想及其实践活动展开比较研究。

横向，即从空间的文化视野出发，对蔡元培完全人格教育思想与西方现代思想进行比较研究。中国教育早期现代化进程是在中西文化急剧碰撞、交流、融合的过程中开启的。以蔡元培为代表的文化先觉者抱着教育救国、文化救国的理想，自觉学习与借鉴西方现代思想。蔡元培在已有的深厚国学根基和传统文化的基础上，在德国接受了较为系统的哲学和美学教育，汲取康德、席勒等人对于构建完整人的理念。蔡元培尝试对中西文化和学理进行沟通与融合，并由此形成独具特色的完全人格教育思想。通过与西方现代思想进行比较，有助于发现蔡元培完全人格教育思想的特质。

纵向，即从历史的文化视野出发，将蔡元培教育思想与儒家教育思想以及中国近现代教育思想进行比较。蔡元培作为中国近现代历史上继往开来的教育思想家，注重对中国传统文化的传承与发展，同时又对传统文教思想有所超越和创新。此外，蔡元培的完全人格教育思想对新文化运动时期成长起来的共产党人也产生了深刻影响，如青年毛泽东的人格主义教育和杨贤江的完人教育理念就是对蔡元培完全人格教育理念的进一步承继与超越。

（三）本书创新点

本书的创新之处主要体现在以下两点：

一是研究视角创新。本研究用马克思主义文化学的理论视野分析考察了近代中国社会转型与蔡元培完全人格教育思想之间的互动关系。运用这一理论视角，有助于从更加宏阔的历史文化视野来考察人的现代化与社会经济、政治、文化现代化之间的辩证关系。同时，通过引入马克思主义立场来分析研究蔡元培完全人格教育思想，也使研究更加科学，揭示其思想意义、影响与局限更加深刻。

二是研究内容创新。马克思主义文化学作为一个新兴交叉学科，近年来其研究内容多集中在马克思主义文化哲学、文化理论、西方哲学等方面。本书将蔡元培完全人格思想作为研究对象，放在马克思主义文化学理论框架和内在逻辑中，从蔡元培的生平及其演讲、论著等相关文献入手，重新挖掘完全人格教育思想的形成和发展的历程，梳理其思想要义，重新概括和提炼他对现代教育理念、教育实践以及中国社会文化发展走向所产生的深远影响，丰富了马克思主义文化学的研究内容。

第一章
蔡元培完全人格教育思想形成的时代背景和理论渊源

在每个历史转折的关键时刻"总要呼唤和造就一批继往开来的历史人物"①。清末民初，在近代中国遭遇"三千年未有之大变局"之际，同样需要一批能够革故鼎新、引领时代的卓越先驱将风雨飘摇的旧中国带出历史的泥淖，蔡元培先生就是其中之一。身处中西两大文明碰撞交汇之际，蔡元培"以一身而兼东西两文化之长"，熔铸成独特的完全人格教育思想②。他以培育完全人格为教育理想，将全部精力都投入到育人强国、实现民族复兴的伟大事业之中，在中国近代教育文化史上产生了划时代的影响。本章运用马克思主义文化理论和思想方法，试图从近代中国社会转型的角度对蔡元培完全人格教育思想的形成进行考察。

一、蔡元培完全人格教育思想形成的时代背景

毛泽东指出："一定的文化（当作观念形态的文化）是一定社会的政治和经济的反映，又给予伟大影响和作用于一定社会的政治和经济。"③教育思想作为对一个时代教育文化问题的思考和凝缩，是社会政治和经济在观念上的升华，表征着社会发展变迁的价值诉求。蔡元培完全人格教育思想的形成也不例外，它是对近代中国遭遇数千年未有之大变局时应向何处去这样一个时代问题的思考与回应。因此考察蔡元培完全人格教育思想的形成，必须立足于近代中国风云激荡的社会转型历程来把握其思想脉动。

所谓社会转型，"是指社会生活的各个领域、各个层面发生整体性的变革"，包括社会经济、政治和文化的变迁，其实质是传统体制获得现代性的变迁过程④。晚清以降，西方文明随列强的坚船利炮席卷而来，迫使近代中国遭遇"三千年未有之大变局"。这就意味着中国近代面临的危机是前所未有的，既不同于以往任何一次边疆族群的武力侵扰，也不同于佛教东传所带来的思想挑战，而使社会经

---

① 李华兴主编：《民国教育史》，上海：上海教育出版社，1997，第232页。
② 中国蔡元培研究会编：《蔡元培纪念集》，杭州：浙江教育出版社，1998，第98页。
③ 毛泽东：《毛泽东选集》（第2卷），北京：人民出版社，2009，第663-664页。
④ 陈国庆主编，刘莹等：《中国近代社会转型研究》，北京：社会科学文献出版社，2005，第1页。

济、政治、文化等方面陷入了全方位的危机，近代中国由此开启了艰难而曲折的社会转型历程。蔡元培完全人格教育思想正是在这一复杂而又艰难的社会转型进程中形成和发展起来的。

（一）满足近代中国的社会变革对新才的需求

1. 近代工商业经济的兴起

鸦片战争爆发后，晚清政府在西方列强的武力威逼下签订了一系列不平等条约，被迫打开国门，致使中国的传统自然经济遭受到前所未有的冲击。外国侵略者先后通过非法侵占和恶意掠夺等方式逐步加深对中国的侵略，致使中国陷入了半殖民地半封建社会的泥沼，成为资本主义世界市场的一部分。西方列强的殖民扩张严重破坏了中国传统的生产力和生产关系，使得以耕织结合为主的传统自然经济逐渐开始瓦解，在客观上刺激了中国由以自然经济为主导的传统农业社会向以商品经济为主导的现代工商业社会发生演变，充当了"历史的不自觉的工具"[①]。

中国近代资本主义市场和资本主义工商业的出现，使得原本世代被束缚在狭窄地域中的个人开始流动起来，形成了普遍的物质交换和多样化的社会交往，突破了自然关系的束缚，使人的主体性逐渐开始确立起来。这也正是马克思在《1857—1858 年经济学手稿》所描述的人的历史发展从"最初的社会形态"中"人的依赖关系（起初完全是自然发生的）"向"以物的依赖性为基础的人的独立性"发生转型的阶段[②]。社会经济形态的变迁对生活于其中的人们提出了新要求，即要求人从"依附"走向"独立"。

然而近代中国对于人的发展的认识并非是中国社会自我发展的结果，而是在传统教育所培养的人才无法应对内忧外患的严峻形势下倒逼产生的。从洋务运动到维新运动再到辛亥革命，中国社会对于人才的认识经历了从培养军事、语言"专才"到政治"精英"再到现代"国民"的转变。可以说，中国人从发现"制器之器"具有"兵势之力"进而认识其背后所蕴藏的巨大生产力，表明中国人开始对

---

①《马克思恩格斯选集》（第 1 卷），北京：人民出版社，2012，第 854 页。
②《马克思恩格斯文集》（第 8 卷），北京：人民出版社，2009，第 52 页。

近代工业文明有所自觉，这也为新教育、新文化、新人格的培育提供了土壤。

2. 实业教育对独立人格的肯定

十九世纪末二十世纪初中国农工商资本主义经济的快速发展冲破了传统反对"言利""求利"的价值观，也促使近代教育内容从空疏义理逐渐向强国富民的"尚实"新学转型。清末新政将培养农工商之才上升到国家教育意志的高度，将"尚实"列为国家教育宗旨之一。这标志着"贵义轻利"的传统价值观逐渐开始瓦解。在一定程度上，实业教育的发展推动了人格从"依附"向"独立"迈进。

蔡元培对近代中国急剧变化的社会经济形势始终保持着敏锐的洞察力。他认为中国近代积贫积弱的根源在于中国农工商等实业的不发达，进而指出："农者，耕牧之工也。工者，制造之工也。商者，贸易之工也。……一切养生之具，何事不仰给于农工商。"① 蔡元培认为农工商实业是关系富国利民的基础，因此必须大力兴办实业教育以克服传统教育文弱、空疏的弊端。他指出："不患无位，患所以立，怵然脱应试求官之积习，而急致力于有用之学矣。"② 蔡元培批评甲午战后虽然新式教育有所发展，但书院、义塾的教育内容和教学方式却换汤不换药，导致人的精力都消耗在研究空疏义理上。在他看来，现代教育当以培育有用之才为目标，而不能把学校当作培养官吏的场所。一方面，他提倡发展实业教育是着眼于解决人民生计的问题，突出了实业教育的经济功能；另一方面，他强调发展实业教育有利于人格自立。他指出："盖天下未有无工而徒食者，此古今之公理也。"③ 蔡元培认为传统教育长期脱离现实生产生活，培养了一批"固民之蠹"，这是导致人格不自立的重要原因。

总之，虽然近代社会经济转型"处于传统和现代之间的边际状态，产生了许多既非传统，又非现代，既有传统因素，又有现代因素的事物"，但毕竟促成了近代市场和工业的形成以及民族资本主义的发展④。这为 20 世纪初文化教育事业

---

① 中国蔡元培研究会编：《蔡元培全集》（第 1 卷），杭州：浙江教育出版社，1997，第 255 页。
② 中国蔡元培研究会编：《蔡元培全集》（第 1 卷），杭州：浙江教育出版社，1997，第 255 页。
③ 中国蔡元培研究会编：《蔡元培全集》（第 1 卷），杭州：浙江教育出版社，1997，第 255 页。
④ 虞和平主编：《中国现代化历程》（第 1 卷），南京：江苏人民出版社，2007，第 7 页。

的发展奠定了经济基础，也为蔡元培完全人格教育思想的形成提供了有利的社会条件。

（二）回应近代中国的政治变迁对新民的要求

马克思认为，"随着经济基础的变更，全部庞大的上层建筑也或慢或快地发生变革。"[1]经济基础的变化必然会引起上层建筑的变化，这是人类社会历史发展的客观规律。近代中国自然经济逐步解体必然会导致植根于传统经济基础之上的宗法专制政权出现裂痕，因而"新国"与"新民"的出现则成为适应近代政治发展的必然要求。

1. "新国"与"新民"的建构

现代民族国家观念的建构与形成"是中国近现代以来一个重大的现代性事件"，标志着中国从"天下"走向"世界"[2]。从政治形态来看，中国传统社会是一个基于血缘关系凝结而成的宗法专制社会。家庭是宗法社会最基本的单元，基于血缘关系形成了以"父义、母慈、兄友、弟恭、子孝"为纲目的伦理道德规范，其中最核心的观念就是"孝"，"孝"体现为对父权家长制的绝对服从。而国则是家的放大，"于是家庭中父子关系的'孝'被延伸到君臣、君民关系的'忠'上"，由此衍生出对皇权的绝对服从[3]。忠君成为了最高的价值标准、政治原则和道德准则。在小农社会和宗法专制的网罗之下，形成了马克思所描述的"人的依赖关系"，表现为对权威的迷信与服从[4]。

然而，近代日益深重的民族危机极大地促进了民族观念和国家观念的觉醒，越来越多的中国人意识到建立一个独立、富强民族国家的重要性，同时也把民族复兴、国家富强的希望寄托在造就高素质的新国民上。严复率先倡导"鼓民力、开民智、新民德"，同时将教育的范围不再局限于士绅阶层，扩大到"国民"的

---

[1]《马克思恩格斯选集》（第2卷），北京：人民出版社，2012，第3页。
[2] 汪卫东：《鲁迅与20世纪中国民族国家话语》，南昌：百花洲文艺出版社，2018，第3页。
[3] 汪林茂：《晚清文化史》（修订本），合肥：安徽文艺出版社，2016，第6页。
[4]《马克思恩格斯文集》（第8卷），北京：人民出版社，2009，第52页。

范围[①]。以梁启超为代表的资产阶级改良派摒弃了传统的种族思想，认为建立民族国家之前首先要树立国民意识，"苟有新民，何患无新制度，无新政府，无新国家"[②]。可见，自十九世纪最后十年起，中国近代知识分子以爱国和救亡为出发点，将教育救国的重点从培育少数精英转向培育新型国民，以唤醒国民对于国家和民族兴亡的责任。这也为蔡元培从事培育具有新理想、新价值观的现代国民指明了方向。

1898 年，蔡元培激愤于戊戌变法的失败，毅然与旧的官僚体制切割，开始服务新教育。位列翰林院编修的官职让蔡元培更加清楚地洞悉到清政府内部的腐朽没落已无可救药。此时他对"制度的觉悟"有了更为深刻而明晰的认识[③]。他洞察到企图在不改变原有政治制度的基础上进行只动皮毛而不触及根本的政治改良，结果注定会失败。历史的发展也证实了这一观点。他认为戊戌变法失败的原因在于"不先培养革新人才，而欲以少数人弋取政权，排斥顽旧，不能不情见势绌"[④]。可见，蔡元培对戊戌维新运动失败根源的分析在当时已经远远超出了传统士大夫的眼界，深刻地指出了康、梁等人政变失败的症结所在。带着对晚清专制统治的彻底失望与不满，蔡元培弃官南下，开始了他的教育救国生涯。他先后在绍兴中西学堂、南洋公学任教，从唤醒国民的爱国意识入手，立志培育新人才，提倡新学，传播新思想。1902 年，他在上海参与创办中国教育会，将教育与革命事业相结合，从此走上民主革命的道路。

2. 民初共和危机

辛亥革命推翻了绵延千年的专制帝制，建立了全新的资产阶级民主共和政体，人们欢欣鼓舞地期待国家面目能焕然一新。然而辛亥革命的果实很快就被企图恢复帝制的袁世凯所窃取，这使得共和新政权遭遇危机，陷入政治失序和思想混乱的状态。蔡元培觉悟到虽然大部分中国人的脚步已经迈入民主时代，但其头脑依

---

① 牛仰山选注：《严复文选》，天津：百花文艺出版社，2006，第 25 页。
② 王德峰编选：《梁启超文选》，上海：上海远东出版社，2011，第 42 页。
③ 蔡元培：《蔡孑民先生言行录》，长沙：岳麓书社，2010，第 3 页。
④ 王世儒编：《蔡元培年谱新编》（上卷），北京：北京大学出版社，2019，第 60 页。

旧停留在传统的专制时代。中国人头脑深处的旧思想、旧观念仍然盘根错节，并在发生作用，阻碍了社会的进步。

一方面，蔡元培认识到仅仅依靠政治变革并不能彻底解决中国积贫积弱的问题。中国近代落后的关键原因在于人的发展滞后。社会的发展归根结底要靠人来实现。如果人的思想观念不更新，人格不独立，国民素质得不到普遍提升，那么民主制度就不具备稳固的思想基础，国家和社会就不能真正实现进步。面对辛亥革命失败后，现实的政治危机所引发的信仰危机和文化危机，蔡元培决定从改革教育入手，以新教育来培育新人，孕育新思想、新文化。

另一方面，蔡元培也洞悉到武人专政对于教育发展所产生的危害，因而提出教育独立。民初共和政权虽然已经建立了起来，民主政治却是名存实亡。各派军阀争权夺利，连年混战，挪用教育经费，国外宗教势力不断干预中国教育，使民初教育陷入危机。中国教育界为反对军阀和外国教会势力干涉新教育，发出了独立发展本国教育的呼声，由此也引发了蔡元培对教育独立的思考。1922年，蔡元培发表《教育独立议》，提出"教育事业当完全交与教育家，保持独立的资格，毫不受各派政党或各派教会的影响"[1]。他认为教育应当以受教育者为主体，摆脱封建军阀政治的掣肘和外国宗教势力的干涉，使教育真正成为养成人格的事业，只有这样才能实现社会重建和国家隆盛。

（三）响应近代中国的文化觉醒对新人的追求

晚清以降，中西两种异质文明发生了剧烈碰撞，开始了西学东渐的过程。在这一过程中，有着悠久文明历史的中国遭遇来自西方现代文明的挑战，导致中国传统文化陷入秩序危机和意义危机。贺麟先生将"中国近百年来的危机"归结为"文化的危机"[2]。近代以来器物救国和制度救国的失败，使越来越多的仁人志士将救亡图强的目光转向器物和制度背后的文化，由此促成了近代知识分子的文化觉醒，引发了蔡元培对如何造就完全人格的深层思考。

---

① 中国蔡元培研究会编：《蔡元培全集》（第4卷），杭州：浙江教育出版社，1997，第585页。
② 贺麟：《文化与人生》，上海：上海人民出版社，2019，第12页。

1. 国民性改造与个性解放

甲午战败以后，近代中国知识分子关于国民性问题的思考始终与探索中华民族的前途命运紧密联系在一起。戊戌变法前后，严复首先提出改造国民性的问题。他在《救亡决论》中批判八股取士制度扼杀了国人的创造性和才华，把中国人变成俯首帖耳的奴隶。梁启超在写给康有为的信中指出："中国数千年之腐败，其祸极于今日，推其大原，皆必自奴隶性而来。不除此性，中国万不能立于世界万国之间，而自由云者，正使人自知其本性，而不受箝制于他人。"① 他们逐渐认识到近代中国文化问题的症结在于中国人缺少独立的人格意识，表现为盲目服从和对权威的依赖性。鲁迅在《文化偏至论》中对中西两大文化体系进行比较后得出："欧美之强……则根柢在人"，他强调强国"首在立人，人立而后凡事举；若其道术，乃必尊个性而张精神"②。可见，改造国民性、实现个性解放已经成为近代文化先觉者们关注的焦点。

对国民性改造和个性解放的关注是影响蔡元培完全人格教育思想形成的重要因素。蔡元培将新教育视为促进"人"的觉醒的重要手段。他指出："永久之觉醒，则非有以扩充其知识，高尚其志趣，纯洁其品性，必难幸致。"③ 他高呼："国家富强，恃乎人才，人材陶铸，端赖教育。"④ 他认为只有通过新教育来改造国民性，使人获得自主、自尊、自立的精神，培育出具有全新精神风貌的新人格，发展新文化，才能从根本上挽救民族危亡。由此可以看出，蔡元培已经抓住了人是决定中国革命和建设成败的关键因素，深刻地觉悟到中国社会的发展取决于能否培育出具有完全人格的现代人。因而他主张通过开展完全人格教育，解放人的个性，促进人性完善，推动个人的自由、和谐发展，从而建设新社会、新国家。可见，教育不仅仅关乎个人的知识、才能、道德、品格的培养，还关系到一个国家的强弱盛衰和一个民族在世界文明中的地位问题。

---

① 梁启超著，侯宜杰选注：《梁启超文选》，天津：百花文艺出版社，2006，第20页。
② 鲁迅著，吴晓明、王德峰编选：《鲁迅文选》，上海：上海远东出版社，2011，第33页。
③ 中国蔡元培研究会编：《蔡元培全集》（第3卷），杭州：浙江教育出版社，1997，第642页。
④ 中国蔡元培研究会编：《蔡元培全集》（第3卷），杭州：浙江教育出版社，1997，第314页。

2. 融汇中西的文化观念

近代中国文化觉醒的另一个标志就是融汇中西文化观念的形成。在中国迈向现代化的过程中，面临的一个不可回避的问题就是如何看待西方文化和如何看待中国文化。近代国门洞开迫使中国文化与西方文化发生急剧的碰撞和交流。从起初中国人，特别是士大夫阶层，普遍对西方文化不屑一顾、完全排斥，到被迫睁眼看世界，提出"师夷长技"，再到提出"中体西用"，进而到新文化运动时期开展的"中西文化论争"，表明近代以来中国人总体的文化观念不断从封闭走向开放。与融汇中西文化观念息息相关的则是教育现代化的出路问题，在实现教育现代化过程中如何看待西方文化，如何看待中国传统文化则成为近代学人普遍关注并试图加以解决的问题。

蔡元培出生于晚清帝国最后的中兴时代，早年接受孔孟儒家教育，凭借着深厚的国学根基一步步到达科举仕途的巅峰。然而中法战争、甲午战争、维新运动等一系列民族危机和政治文化变革深深刺痛了这位青年翰林的心灵。面对尖锐的社会危机和从西方奔涌而来的社会文化思潮，蔡元培认识到了自己肩负的文化使命和社会责任，断然放弃跻身达官贵宦的光明仕途，迈向探求新教育、新文化的救国强国之路。从1894年蔡元培开始涉猎西学到1906年做出游学欧洲的决定，他一步步实现了由传统士绅向具有现代理念的新型知识分子的转变。他一生多次游历欧美各国考察文化教育，特别是在德国莱比锡大学接受了较为系统的西方现代教育。兼备中西文化的独特经历使蔡元培的教育思想具有世界性、前瞻性，表现出融汇中西文化的战略眼光。他对西方文化的认识和对如何建设中国新文化的思考，为其在融汇中西教育理念基础上形成完全人格教育思想提供了丰厚的文化土壤。

蔡元培后来身居教育文化要职的时候，始终坚定地秉持着融汇中西的教育文化理念。一方面，他坚决反对简单地否定儒家经典教育，主张用现代的、科学的、批判的眼光来解析和审视儒家教育传统，汲取其所蕴含的合理价值并加以运用。另一方面，他反对盲目地称羡、照搬西方的教育模式，而是强调要择善而从，"吸收他民族之文化以为滋养料"，力图实现中西教育理念的融会贯通，进而创造出一种新文化①。在蔡元培看来，中西文化的流动不是单向的，而是双向的交流、互补，中西文化的融合共生必能促进世界文化的更新和进步。

蔡元培主张通过比较、鉴别、消化和吸收中西文化的精髓，实现中西文化的融会贯通，并以此构筑起现代教育体系，将思想倡导、理论构建与教育实践结合在一起，以此来启发国人的文化自觉，推动国家进步、民族复兴和社会的长远发展。

3. 一战前后对现代性的反思

一战的爆发是蔡元培完全人格教育思想形成过程中不容忽视的一个重要转折点。近代的有识之士明确地认识到开展民族救亡的一个重要途径就是"采西学"。一些激进主义者甚至将西方文明视为中华民族实现救亡图强的"楷模"。一战前后，蔡元培曾两次负笈德国留学，希望从西方现代文明中探寻出拯救民族危机的出路。然而惨绝人寰的第一次世界大战暴露出西方现代性内含的危机，使欧洲所代表的西方现代文明的模板"突然失去了自明的先进性"②。欧洲人对西方文明失去了信心，陷入了理性危机。战争的残酷性以及由此引发的社会思潮的涌动让中国的文化先觉者对西方文明产生了怀疑和动摇，引发了蔡元培对西方现代性的反思，进而影响了完全人格教育思想的形成。

蔡元培对现代性的反思始于一战前后他对"科学万能论"的批判。一战爆发时蔡元培正旅居法国，边学习法语，边组织留法勤工俭学运动。他亲眼见证了帝国主义列强惨绝人寰的厮杀，目睹了曾一度被尊奉为圭臬的西方文明陷入危机，欧洲人由此失去了安身立命的精神家园，陷入了"科学万能"的误区。所谓"科学万能论"，是指人们对科学盲目崇拜，并将其视作解决一切问题，包括人类自身问题的办法。梁启超将科学万能论的本质归结为一种"纯物质的纯机械的人生观"③。蔡元培对此表示认同："就是一人的生死，国家的存亡，世界的成毁，都

---

① 中国蔡元培研究会编：《蔡元培全集》（第5卷），杭州：浙江教育出版社，1997，第279页。
② 汪晖：《文化与政治的变奏——战争、革命与1910年代的"思想战"》，《中国社会科学》，2009（4），第118页。
③ 梁启超著，书林主编：《梁启超文集》，北京：线装书局，2009，第197页。

是机械作用，并没有自由的意志可以改变他的。抱了这种机械的人生观与世界观，不但对于自己竟无生趣，对于社会毫无爱情，就是对于所治的科学，也不过'依样画葫芦'，决没有创造的精神。"①蔡元培认为欧洲人之所以陷入一种机械的人生观和世界观，是由于漠视了人的情感与意志的能动作用，误认为科学可以解决一切社会和人生问题。

为了纠正科学万能的流弊，蔡元培提出了"科学与美术并重"的主张。他强调"文化进步的国民，既然实施科学教育，尤要普及美术教育"，"文化运动不要忘了美育"②。虽然新文化运动的主题之一就是科学，但是蔡元培坚决反对把科学机械地理解为"科学万能"，而是强调审美与科学对于人生具有同等的重要性。审美有助于克服科学带来的枯燥，为人生增添意义和乐趣。"科学与美术并重"主张的提出，体现在完全人格教育思想形成的过程中，既包括了对现代性的追求，也蕴含着对现代性的反思，二者的并存和互动也为新文化运动的发展增添了内在张力。

近代中国社会所面临的内忧外患和异质文明的冲突与挑战，打乱了本应以历时形态经历的由经济发展—制度变革—文化变迁的社会转型路径，导致文化发展与经济、政治的发展不平衡、不同步，使得三者彼此交错，以非线性的发展形态共存于中国近代社会转型历程之中。置身于晚清至民国这样一个复杂而艰难的变革时代，也使得蔡元培的完全人格教育思想呈现出时代的复杂性和多样性，具有传统与现代、东方与西方、现代性与反思现代性并存的特点。

总而言之，本节运用马克思主义文化理论分析考察了近代中国社会转型与蔡元培完全人格教育思想形成之间的辩证关系。借助这样一个理论视角，有助于清晰地呈现出近代社会经济、政治变迁对蔡元培完全人格教育思想所产生的制约作用，但同时也可看到，完全人格教育思想的形成并不是一个被动的产物，而是随着蔡元培的知识积累和精神世界的不断丰富，文化自觉意识的不断提升，使得完全人格教育思想作为对社会变迁的一种能动的反映，能够为社会发展和进步提供

①中国蔡元培研究会编：《蔡元培全集》（第4卷），杭州：浙江教育出版社，1997，第328页。
②中国蔡元培研究会编：《蔡元培全集》（第3卷），杭州：浙江教育出版社，1997，第739页。

动力。正是在这样一个背景下，蔡元培明确了现代教育的根本任务在于培育完全人格，凸显了人的文化自觉的重要性和必要性，也反映出蔡元培作为思想家、教育家的洞识和远见。

二、蔡元培完全人格教育思想的理论渊源

恩格斯认为：“每一时代的哲学作为分工的一个特定的领域，都具有由它的先驱者传给它而它便由以出发的特定的思想资料作为前提。”①蔡元培完全人格教育思想的形成与发展也不例外。就其思想来源而言，蔡元培既与西方现代思想有着横向的联系，也与中国传统文化保持着纵向的关联。他始终以“兼容并包”的学术视野和“择善而从”的学术原则，广泛吸收、借鉴中外优秀思想文化的精髓，并将其创造性地转化为自己的思想。从理论来源来看，完全人格教育思想是在汲取儒家教育思想、西方人文主义教育理念和严复教育救国思想精髓的基础上逐渐形成的。当然，蔡元培一生博古通今，学贯中西，影响完全人格教育思想形成的理论学说绝不局限于上述三个方面。在这里仅列举具有代表性的思想来源，希冀能够更加全面而深刻地洞悉蔡元培完全人格教育思想的内涵和意义。

（一）仁乐并重：对儒家教育思想的传承与创新

蔡元培早年接受过严格、正统的儒家传统教育，有着深厚的中华传统文化根基。因此，儒家教育思想成为印刻在蔡元培思想血脉中的文化基因，是影响完全人格教育思想形成的重要来源之一。但是他对儒家教育思想的汲取并非固守传统，而是坚持既有选择、批判，也有吸收和创新。蔡元培汲取儒家教育思想中“仁”和“乐”，并与西方现代教育理念相会通，形成了具有中华文化底蕴且符合现代价值原则的完全人格教育思想。

---

① 《马克思恩格斯选集》（第 4 卷），北京：人民出版社，2012，第 612 页。

1. 对"仁"的继承与发扬

"仁"是儒家教育思想的一个核心命题。从孔子、孟子到朱熹、王阳明，再到晚清的康有为、谭嗣同都对"仁"做出过不同的诠释与建构。儒家思想认为，"仁"是个体人格中最为重要的内容，它不仅涵盖克己复礼、爱人、孝悌、忠恕等内容，又是敬、智、勇、信等众多德目的总和，是个体人格的最高理想境界，也是"精神自制力、道德价值、生命真义的渊薮"①。

蔡元培对孔子所提倡的"仁"也极为推崇。在他撰写的学术论著和所做的各类演讲中，时时可以窥见"仁"对他的影响。因此，分析蔡元培完全人格教育思想的理论渊源，不能忽视蔡元培对"仁"的传承与发展。

一方面，完全人格教育思想是对儒家以"仁"为核心的理想人格境界的继承和发扬。在《中国伦理学史》中，蔡元培对"仁"进行了解读。他认为孔子所说的"仁"乃是"统摄诸德完成人格之名"②。可见，他把"仁"作为培养理想人格的首要因素，体现了个体对道德的自觉追求。在1912年发表的《对于新教育之意见》中，蔡元培进一步以儒家的"义""恕""仁"来诠释西方近代公民教育的自由、平等、博爱原则。他以"匹夫不可夺志"，"大丈夫，富贵不能淫，贫贱不能移，威武不能屈"，即"义"来诠释"自由"；以"己所不欲，勿施于人"，"我不欲人之加诸我也，吾亦欲毋加诸人"，即"恕"来阐释"平等"；以"己欲立而立人，己欲达而达人"，即"仁"来解读"博爱"③。蔡元培站在中西文化会通的新起点上，将儒家理想人格学说中所承载的丰厚道德资源与西方现代价值观念在道德哲学的基础上进行了互释互证，"从而抽象出一种人类共同的道德规范，作为道德教育追求的标准"④。蔡元培以此作为完全人格教育的主要内容之一，赋予其更为深厚的文化底蕴和高远的价值追求。这无疑是他在中国近代思想文化史上所做的一个原创性贡献。这也突出地反映了近代社会文化转型与价值观

① 朱义禄：《儒家理想人格与中国文化》，沈阳：辽宁教育出版社，1991，第20页。
② 中国蔡元培研究会编：《蔡元培全集》（第1卷），杭州：浙江教育出版社，1997，第477页。
③ 中国蔡元培研究会编：《蔡元培全集》（第2卷），杭州：浙江教育出版社，1997，第10-11页。
④ 李华兴主编：《民国教育史》，上海：上海教育出版社，1997，第236页。

念转型对于改造国民性，培育完善人格的追求。

另一方面，蔡元培的世界观教育也蕴含着对"仁"的汲取和传承。他在《世界观与人生观》一文中对此做了详细的阐述："今则四海兄弟之观念，为人类所公认。而肉食之戒，虐待动物之禁，以渐流布。所谓仁民而爱物者，已成为常识焉。"①蔡元培对于"仁"的理解突破了基于血缘亲情而形成的差序格局，将其扩展为一种平等、自由的普遍之爱，形成了以"天下为一家，中国为一人"的世界观。蔡元培提出的世界观教育融汇了儒家所倡导的"仁"的精神内涵，同时吸收周秦诸子、印度哲学和欧洲哲学，意在克服现象世界与实体世界的对立，将两个分离的世界合为一个可以通过直观来把握的世界。可以说，蔡元培的世界观教育不仅受到康德哲学的影响，同时还吸纳了儒家经典教育注重"仁"的文化传统，即以儒家的"仁"来弥合西方现代文化因二元对立所产生的撕裂。

蔡元培对于"仁"的化用，使中国儒家教育中的理想人格与西方现代精神相接驳，使中西文化价值在教育事业中找到联结彼此的共同视域。蔡元培认为"盖尝思人类事业，最普遍、最悠久者，莫过于教育"②。在中华民族面临生死存亡考验的紧要关头，他践行"仁"的精神，将解救中国的方案由提倡个体修身的精英教育转化为塑造完全人格的国民教育。在蔡元培先生的呼吁和支持下，1920 年 1 月北京大学平民夜校正式开学。他在开学演说中指出，大学生之所以要办平民夜校，就是因为大学生自己有了学问，而看到社会上很多同胞没有机会进入大学学习，不禁令人感到难过，就像看见自己的兄弟姊妹还在忍受饥饿一样。正是在儒家以"仁"为最高精神境界的感召下，蔡元培将完全人格教育理念与中国传统理想人格和社会政治理想融合为一体，充分体现出以"天下为一家，中国为一人"的强烈的社会责任感和使命感。

2. 对"乐"的吸纳与转进

蔡元培完全人格教育思想的形成与儒家重"乐"教的传统有着重要渊源。孔子非常重视音乐艺术修养在"学以成人"中的作用。孔子说："兴于诗，立于礼，

---

① 中国蔡元培研究会编：《蔡元培全集》（第 2 卷），杭州：浙江教育出版社，1997，第 217 页。
② 中国蔡元培研究会编：《蔡元培全集》（第 2 卷），杭州：浙江教育出版社，1997，第 380 页。

成于乐。"诗、礼、乐虽然并重，但是只有乐才处于成的地位。朱义禄指出："孔子论'成人'，以'礼乐'为养成此理想人格不可或缺之本德；'礼乐'并重，但孔子以乐为一个人格完成的境界。"[1]可见孔子对乐教的重视。蔡元培非常重视对儒家乐教的汲取和改造，并将其纳入完全人格教育思想之中，使其成为美育的重要资源，这样一种转化"使中国现代美育具有了本土化的历史深度"[2]。

尽管蔡元培在欧美留学多年，接受了较为系统的西方美学教育，但他并没有因此否定中华美育传统的价值，而是从中国悠久的"礼乐并济"传统中汲取适合培育现代健全人格的有益元素。他重在汲取"乐"所包含的超越现实功利的情感价值和审美价值，摒弃了附着于传统礼乐教化的功利价值，这反映出蔡元培注重以"乐"来化育情感，使其经过现代价值原则的荡涤，实现传统人格与现代人格相榫接，因此蔡元培完全人格教育思想的形成与孔子所推崇的"乐"有着深厚的思想渊源。主要表现为以下两方面：

其一，蔡元培对于儒家"乐"的发掘和汲取重在领会其精神，而不是拘泥于形式。他注重从传统六艺教育中探寻与现代教育相符合的元素，重在发挥道德教育和审美教育的功能。他指出："吾国古代教育，用礼、乐、射、御、书、数之六艺。乐为纯粹美育；书以记述，亦尚美观；射、御在技术之熟练，而亦态度之娴雅；礼之本义在守规则，而其作用又在远鄙俗。盖自数以外，无不含有美育成分者。"[3]在蔡元培看来，古代的礼、乐本是相互补充的关系，融道德、政治、伦理、审美、教育于一体，以体现高尚的人格和实现人生的最高境界为目标。然而现实中礼与乐的发展发生了偏航。自宋明以来，礼教的外在功能，即伦理、政治教化的功利化取向被过度强化。而礼教地位的上升直接打破了礼、乐之间的平衡关系，逐渐与"礼乐并济"的文化传统发生偏离。近代以来，礼教被附加了宗教或类似宗教的内容和仪式，更是与现代自由、平等原则相违背，因此这一部分内容必须被摒弃。进而蔡元培阐述了礼教与乐教的差别，他认为礼教"以人定之法，

---

① 朱义禄：《儒家理想人格与中国文化》，沈阳：辽宁教育出版社，1991，第77页。
② 刘成纪：《蔡元培"以美育代宗教说"的历史语境和现代价值》，《美术》，2018（1），第12页。
③ 中国蔡元培研究会编：《蔡元培全集》（第6卷），杭州：浙江教育出版社，1997，第599页。

节制其身心"，是消极的教育，乐教则不然，它用"自然之美"来陶冶人的情操，通过"化感其性灵"来完善人格，是积极的存在，所以"礼之德方而智，乐之德圆而神"①。从蔡元培对于礼与乐关系的论断可以看出，他认为"乐"是美育的重要内容，美育有助于将人的精神世界提升到更高境界，这也印证了"乐为源，礼是流，乐为创造，礼为模制。二者对人的作用更是大不一样：一个内化，一个外齐；一个深刻，一个肤浅；一个积极，一个消极"的观念②。故此蔡元培对传统礼乐的汲取没有因循儒家文以载道的说教，而是突出了美育的思想启蒙价值和涵养情感的作用。

其二，蔡先生从培养健全人格的角度对"乐"进行了转化与创新，赋予其现代精神。在《中国伦理学史》中，蔡元培评价孔子"以诗与礼乐为涵养心性之学。尝曰：兴于诗，立于礼，成于乐。……冉求之艺，文之以礼乐，可以为成人矣"③。深受传统文化熏陶的蔡元培对此十分推崇，他汲取了乐教的情感价值，并将其纳入完全人格教育思想构建之中。蔡元培指出："中国古代之教育，礼、乐并重，亦有兼用科学与美术之意义。"④蔡先生认为"礼之始，固以自然之法则为本也"⑤。在他看来，礼最初的制定是符合自然规律的，因而对应着科学，只是中国古代科学在后来的演进过程中偏重演绎而未能形成归纳综合等逻辑方法，因此未能建立起精深、繁复的现代科学体系，因此需要对中国传统的"礼"做进一步改造，"以促成其进化"⑥。而古代的乐教除了音乐外，图画、书法、诗文也较为发达，所以乐则对应着广义的"美术"。由此得出，古代礼乐文教传统"兼有科学与美术之意"，同时也印证了"礼乐"之教具有进行现代转换的基础和潜质。儒家的乐教传统无论是作为塑造理想人格的文化基因，还是作为可资转进的文化资源，其价值都是不容忽视的。

---

① 中国蔡元培研究会编：《蔡元培全集》（第 1 卷），杭州：浙江教育出版社，1997，第 488 页。
② 聂振斌：《"美善相乐"与"礼乐相济"述论》，《学术月刊》，1990（6），第 47 页。
③ 中国蔡元培研究会编：《蔡元培全集》（第 1 卷），杭州：浙江教育出版社，1997，第 478 页。
④ 中国蔡元培研究会编：《蔡元培全集》（第 2 卷），杭州：浙江教育出版社，1997，第 382 页。
⑤ 中国蔡元培研究会编：《蔡元培全集》（第 2 卷），杭州：浙江教育出版社，1997，第 382 页。
⑥ 中国蔡元培研究会编：《蔡元培全集》（第 2 卷），杭州：浙江教育出版社，1997，第 382 页。

蔡元培对儒家教育思想的传承与创新是在近代中西文化急剧碰撞、交流、融合的大背景下展开的。置身于千年变局中的蔡元培对儒家传统文化始终坚持古为今用，择善而从的态度。可以说，在他的思想中较好地呈现出"传统文化博大精深的涵容、变通精神"①。正如李泽厚先生所指出："真正的传统是已经积淀在人们的行为模式、思想方法、情感态度中的文化心理结构。"②可以说，儒家教育思想中的"仁"和"乐"已经成为印刻在蔡元培思想深处无法抹去的文化基因。他对儒家理想人格的继承和汲取并非出于保守主义立场，而是以现代价值原则对其进行全新的阐释，重在实现对传统文化的转化和发展，体现出高度的文化自觉。可以说，蔡元培立足于现代立场来重新审视和继承儒家教育思想，并发掘其蕴含的人文价值与现代意义，这在新文化运动时期弥漫的反传统文化潮流中无疑具有标志性意义，对当今理解中华传统文化仍然富于启示意义。

（二）人文博雅：对西方人文主义教育的吸纳与转化

十九世纪末，西方人文主义教育伴随西学东渐的浪潮传入中国，为中国近代先觉者们带来了启蒙的曙光。尽管早期对西方人文主义教育思想的引进与传播仍是"服务于救亡图存的总目的"，但在推动中国文化的演进过程中发挥了重要的作用③。1906年，蔡元培以践行教育救国为初衷，毅然辞官赴德留学学习西方教育理念，这段教育经历使他在思想深处与康德哲学和德国教化理念建立起某种勾连，为其完全人格教育思想的形成奠定了哲学根基。

1. 对康德"两重世界论"的接受与改造

康德哲学所建构的"两重世界论"为蔡元培完全人格教育思想奠定了理想性和超越性的思想底色，为其聚焦于如何培养现代的、完整的、本体意义上的人提供了理论依据。

尽管蔡元培专门论述康德哲学的文章和著作并不多，但是他在阐述教育理念

---

① 郭建荣：《蔡元培美育思想探析》，《北京大学学报（哲学社会科学版）》，2008（4），第31页。
② 李泽厚：《中国现代思想史论》，北京：生活·读书·新知三联书店，2015（重印），第40页。
③ 杨河、邓安庆：《康德黑格尔哲学在中国》，北京：首都师范大学出版社，2002，第5页。

的文章和演说中时常提及康德哲学。在《对于新教育之意见》中他用了近半篇幅来专门阐述世界观教育，特别是康德的"两重世界论"。甚至可以说，在这篇文章中"到处晃动着康德的影子"①。蔡元培认为世界就像一张纸，有表有里，其中一面为现象世界，另一面为实体世界。现象世界是相对的，而实体世界是绝对的，现象世界受因果关系的影响，而实体世界则不然，是超越因果规律的。现象世界与空间、时间有着不可分离的关系，而实体世界则不受时间、空间的限制；现象世界可以以经验来辨别，实体世界则只能靠"直观"。蔡元培认为"实体世界者，不可名言者也"②。因此，他强调完全人格的培养应该"循思想自由言论自由之公例"，不能用某一流派的哲学或某一种宗教的教义桎梏人心，"而惟时时悬一无方体无始终之世界观以为鹄"，他认为这样的教育，就是世界观教育③。

可见，蔡元培基于康德的"两重世界论"构建起世界观教育的基本理论框架。在他看来，尽管康德所言的实体世界超逸于因果律，不受时间和空间的约束，无法凭经验体悟，只能是直观、信仰的对象，但是只要人的精神趋于自由，就能克服现象世界的障碍，离本体世界越来越近，人格也会日臻完善。因而在中国这样一个尊奉实用理性而轻视本体价值的国度里，开展世界观教育无疑具有特别重要的意义。

然而蔡元培对于康德哲学思想的汲取绝非机械地照搬，而是结合中国的文化传统和自身的知识结构，使其更加符合中国近代思想启蒙的时代要求。不同于康德坚持现象与实体的二元对立，蔡元培认为现象世界和实体世界是事物的一体两面，二者之间既相互区别又相互联系，而不是"必灭乙而后生甲"的对立关系④。因此，对于现象世界不能简单地否定，而是要承认它存在的合理价值，但是人生存的价值又不能仅仅局限于此，而应当不断超越现象世界，追求具有终极价值的实体世界。

---

① 姚文放：《蔡元培"以美育代宗教"说对于康德的接受与改造》，《社科科学辑刊》，2013（1），第 169 页。
② 中国蔡元培研究会编：《蔡元培全集》（第 2 卷），杭州：浙江教育出版社，1997，第 12 页。
③ 中国蔡元培研究会编：《蔡元培全集》（第 2 卷），杭州：浙江教育出版社，1997，第 13 页。
④ 中国蔡元培研究会编：《蔡元培全集》（第 2 卷），杭州：浙江教育出版社，1997，第 13 页。

蔡元培认为，美育是弥合现象世界与实体世界对立的路径。他借助康德有关审美判断力的理论，提出"美感者，合美丽与尊严而言之，介乎现象世界与实体世界之间，而为津梁。此为康德所创造，而嗣后哲学家未有反对之者也"①。可见，蔡元培将康德的审美判断力理论综合、融汇地运用于构建现代教育理念，进而由世界观教育导向美育。自此，美育与德育、智育、体育并立，成为培育健全人格不可或缺的教育内容。

蔡元培汲取康德哲学而提炼出世界观教育，其最重要的意义在于助人克服两重世界间的阻碍，使人通向实体世界，"过一种充满希望的精神生活"②。而这种"充满希望的精神生活"是几千年来生活在专制文化中的中国人所极度匮乏的。正如黄裕生教授所言："人的自由—自在的存在既是使现象界成为一个完整而可靠的法则世界的前提，更是一切道德法则的根据，而最后则是每个个人之绝对尊严与不可让渡的绝对权利的基础。"③可以说，蔡元培对康德哲学的引介与改造为长期受专制文化钳制的中国人注入了强大的精神力量，使中国人逐渐认识到教育的本真在于使人获得自由、全面、和谐的发展，获得人之为人的尊严，从而逐渐达到人生的理想境界。这对于近代中国人来说具有极为重要的启蒙价值。

2. 对"教化"理念的接受与发展

"教化"（Bildung）是德国古典哲学思想的核心理念之一。它所独有的文化意蕴渗透于德意志民族精神的形成过程中，对德国现代化进程产生了深刻影响。考察蔡元培的完全人格教育思想与德国古典哲学之间的思想渊源，必然会指向他对"教化"理念的接受和发展。

完整人的概念在德国古典哲学中具有极其重要的地位，德国古典思想家几乎都基于这一概念建立起了相关的思想体系。因此无论是蔡元培在德国留学期间所接触到的康德、席勒、鲍姆加登、裴斯泰洛齐等思想家，还是他切身感受到的教育文化氛围，都与教化理念有着重要的关联，对完全人格教育思想的形成产生了

① 中国蔡元培研究会编：《蔡元培全集》（第2卷），杭州：浙江教育出版社，1997，第13页。
② 杨祖陶，邓晓芒：《康德〈纯粹理性批判〉指要》，长沙：湖南教育出版社，1996，第51页。
③ 黄裕生：《康德论自由与权利》，《江苏行政学院学报》，2005（05），第22页。

深刻影响。

一方面，教化以培养"完整的人"作为一种理想的参照，使得蔡元培更加重视从受教育者本体出发，关注人的个性和能力的全面、和谐发展。理想教化在于使人"成为有教养之人（Gebildeter Mensch），即人格的完整性，消除了人的内在形式与外在世界之间的紧张关系"[1]。因此，教化不仅涉及人的理智发展，实际上更是关乎人的所有维度的展开，包括身心的健康、精神唤醒、自我教育、感性与理性、个体与世界关系等多个方面的发展，其理想就是实现人格的整全。蔡元培在1912年《全国临时教育会议开会词》中强调民国时代的新教育要以受教育者为本位。他援引裴斯泰洛齐的名言"昔之教育，使儿童受教于成人；今之教育，乃使成人受教于儿童"，强调新教育要以儿童为本位，使儿童的个性和天赋得到充分、和谐的发展，人格得到完善[2]。他将培养具有健全人格的共和国民作为民初普通教育的宗旨，可见德国教化理念与蔡元培的完全人格教育思想之间存在着重要的思想关联。

另一方面，近代德国的崛起让蔡元培看到了一条不同于英美等国家的现代化道路。德国由邦国林立、积贫积弱的落后国家一跃成为欧洲强国，迈入现代化国家行列，与其重视民族文化自觉，强调文化传统在现代化进程中的重要性密切相关。其中教化在建构德意志民族文化身份认同的过程中发挥了极其重要的作用。德国古典思想中的教化观念不仅促进了个体人格的发展，而且实现了整个德意志民族自下而上的普遍教化，促成了民族团结，推动了社会进步。

蔡元培早在1900年就关注到德国。他认为德国的快速崛起缘于德国教育文化事业的发达，而要使中国走出积贫羸弱的困境，实现国家的强盛，唯有依靠发展教育。他举例说当费希特见拿破仑蹂躏柏林时，曾扬言"振兴我国以规复其势力者，惟教育耳"[3]。蔡元培之所以选择到德国留学，不仅看到德国有先进的教育制度，更是看重德国的人文精神和注重教化的文化传统。他认为真正让德国走上富

---

① 彭正梅：《现代西方教育哲学的历史考察》，上海：上海教育出版社，2010，第121页。
② 中国蔡元培研究会编：《蔡元培全集》（第2卷），杭州：浙江教育出版社，1997，第177页。
③ 中国蔡元培研究会编：《蔡元培全集》（第15卷），杭州：浙江教育出版社，1998，第260页。

强道路的是其国民高尚的精神境界。而中国和德国曾具有相似的历史处境和文化积淀，这使蔡元培更加坚定地选择走教育救国、文化强国的道路，他希望中国能像德国一样，通过完善国民的精神境界和培育完整的人，来实现国家的强盛。

此外，教化与科学（Wissenschaft）密切相关。德语中的科学（Wissenschaft）概念与英语的科学（science）有着明显区别，它可以理解为实现教化目的的媒介。因为德国古典大学所强调的科学其实是一种心智活动，而非建立在经验知识基础上某种实用的技能或专门的知识。德国古典大学的一条核心原则是把科学作为实现教化的途径。蔡元培同样也接受了德国科学观念的影响，故而在北京大学强调学术分立，坚持大学的宗旨是要研究高深学问，要培养学问家人格。

蔡元培重在从精神层面汲取德国教化观念，同时他又结合中国文化传统中道德教化的概念，强调在受教育者的个性和能力得到全面发展的同时，重视个体德性的完善和人格的培育，使中西教化概念在完全人格教育思想中得到融合创新。

（三）育人济世：对严复教育救国思想的镜鉴与超越

严复作为启蒙思想家在中国近代文化转型过程中发挥了举足轻重的作用。他在中华民族濒临危亡之际，将英国生物学家赫胥黎的《进化论与伦理学》创造性地翻译为《天演论》，旨在借助进化论来警醒国人："物竞天择，优胜劣汰，适者生存，是自然界和人类社会的公理，今日之中国要想避免亡国灭种的命运，必须奋起自强，救亡图存。"[1] 同时，严复毕生倡导教育救国，激发了无数仁人志士投身教育事业。可以说，"从维新志士到革命党人再到'五四'骁将，无不受其滋润哺育"[2]。蔡元培在《自题摄影片》中写道："侯官浏阳，为吾先觉"，而侯官就是指严复[3]。可以说严复为蔡元培完全人格教育思想的形成提供了重要的精神力量和思想资源。

---

① 田嵩燕：《〈天演论〉——20世纪中国革命的序言》，《博览群书》，2020（8），第6页。
② 高瑞泉主编：《中国近代社会思潮》，上海：上海人民出版社，2007，第61页。
③ 中国蔡元培研究会编：《蔡元培全集》（第1卷），杭州：浙江教育出版社，1997，第257页。

1. 对进化论的借鉴与修正

严复直面近代中国救亡图存的时代主题，将社会进化论引入中国后，在近代思想界掀起狂澜。蔡元培指出："得阅严幼陵氏之说及所译西儒《天演论》，始知炼心之要，进化之义。"[①]《天演论》为处于困顿与求索中的蔡元培提供了新思路，使他感到豁然开朗，甚至发出相见恨晚的感慨。由此"进化"一词便频繁出现在他的各类教育著述之中。可以说，进化论奠定了蔡元培教育发展观的主基调，主要体现在以下两个方面：

其一，蔡元培用以论证思想言论自由正当性的理论依据就来自进化论。秦汉一统后，儒学成为两千多年来封建王朝所独尊的显学，而儒学贬斥个体自由的特点也限制了中国学术思想的自由发展。严复以进化论为中介，将物竞天择的竞争观引入近代思想界，为肯定个体自由的合理性奠定了理论基石。不同于西方自由主义以天赋人权作为个体自由的理论预设，严复认为进化是人类智、德、力不断摆脱束缚而趋向自由的过程，因而个体通向自由是人类进化的必然结果，而思想自由、学术自由作为个体自由的前提理应得到肯定。由此，严复通过阐扬进化论，为自由确立了合法性，成为蔡元培等近代先觉者追求学术自由的思想基石。

蔡元培综观世界学术发展趋势，用进化论为学术思想的自由发展擎起一面旗帜。1917 年他执掌北京大学后，面对林琴南等复古派的诘难，他进一步提出"循'思想自由'原则，取兼容并包主义"[②]。对于各家学说，蔡元培主张不管是什么学派，只要它"言之成理，持之有故"，在各种学说竞争当中没有被淘汰，即便他们的思想观点是相反的，都可以继续存在[③]。蔡元培认为中国的专制制度严重窒息了学术思想的自由发展，这是导致中国落后的重要原因之一。因此只有让不同的学术思想摆脱束缚，展开优胜劣汰的自由竞争，才能促成中国人思想世界的不断更新，而那些不合时宜的陈旧思想必然会在竞争的过程中被自然淘汰。蔡元培在进化竞争观的影响下，提出"思想自由、兼容并包"的主张，从而为新教育的

① 中国蔡元培研究会编：《蔡元培全集》（第 1 卷），杭州：浙江教育出版社，1997，第 257 页。
② 中国蔡元培研究会编：《蔡元培全集》（第 3 卷），杭州：浙江教育出版社，1997，第 576 页。
③ 中国蔡元培研究会编：《蔡元培全集》（第 3 卷），杭州：浙江教育出版社，1997，第 576 页。

发展创设了自由的学术氛围，在北大开创了百家争鸣的新气象。

其二，进化论与互助论构成了蔡元培完全人格教育思想的主基调。在社会进化论的影响下，蔡元培深刻认识到人性向善不仅仅是天然的良心使然，同时也是社会进化规律的必然要求。他指出："竞争之效，使其身体之结构，精卵[神]之作用，宜者日益发达，而不宜者日趋于消灭。"[①]在蔡元培看来，进化意味着进步。他认为人类社会的发展史就是由低级向高级不断进步的过程，最终将会达到至善的理想社会。而这样一个理想的社会是他一生所向往和执着追求的。

但是在对人类社会进化动力的认识上，蔡元培则与严复的观点有着明显分歧。蔡元培认为自然界"优胜劣汰，适者生存"的竞争观并不能完全适用于人类社会。他指出："进化史所以诏吾人者，人类之义务，为群伦不为小己，为将来不为现在，为精神之愉快而非为体魄之享受，固已彰明而较著矣。"[②]蔡元培认为人类社会的进化有别于自然界之处在于人类是以实现人格的完善和人性的升华为目的。人类社会的进步是依靠合群互助来实现的，并不是依靠优胜劣汰的强权竞争手段。为此，蔡元培尝试以克鲁泡特金的"互助论"来修正进化论过于强调"弱肉强食"的偏颇，由此也体现出了强烈的人文情怀。因而，追求进化与互助构成了蔡元培完全人格教育理念的主基调。

2. 对严复"教育救国论"的继承与超越

在进化论之外，严复还是"教育救国论"的积极倡导者和实践者，他率先将国民教育的现代化问题提上了日程，开启了国民性改造的先河。受斯宾塞的社会有机体论启发，严复认为社会是由个体组成的有机体，因而社会整体的机能取决于每个个体的机能。进而他得出：一个国家的强弱取决于国民民质的强弱，而民质的强弱又主要取决于"血气体力""聪明智虑"和"德行仁义"三个方面[③]。基于上述理论，严复深刻地认识到近代中国之所以落后就在于"民力已苶、民智已

---

① 中国蔡元培研究会编：《蔡元培全集》（第2卷），杭州：浙江教育出版社，1997，第156页。
② 中国蔡元培研究会编：《蔡元培全集》（第2卷），杭州：浙江教育出版社，1997，第218页。
③ 严复著，胡伟希选注：《论世变之亟：严复集》，沈阳：辽宁人民出版社，1994，第25页。

卑、民德已薄"，而欲挽救民族危机必先"鼓民力、开民智、新民德"①。因此严复把重心和精力更多地放在改革教育上，希望通过改造国民性，实现教育救国理想。教育救国理念一经提出，便引起知识界的广泛讨论，产生了相当大的影响。正如美国学者施沃茨所指出："其他持不同信仰的人，诸如胡适、蔡元培、鲁迅和毛泽东在他们年轻时均受过严复思想的熏陶。"②这里我们有必要对蔡元培如何吸收、借鉴严复的教育救国论，以及这种吸收和借鉴对于他发展完全人格教育理念具有何种影响进行分析。

1906 年严复在《论教育与国家之关系》演讲中首次明确地提出体育、智育、德育并论述了三者之间的关系："是以讲教育者，其事常分三宗：曰体育，曰智育，曰德育。三者并重，顾主教育者，则必审所当之时势而为之重轻。是故居今而言，不佞以为智育重于体育，而德育尤重于智育。"③严复之所以强调"新民德"的重要性，是因为他将国民公德和爱国心的培养视为增强民族凝聚力、挽救民族危机的核心，是实现国家强盛的关键。从这个意义上说，严复提出以"鼓民力、开民智、新民德"的体育、智育、德育三育论，培养现代国民的教育目的观是对近代"救亡图存"的时代主题的直接回应，在中国近代历史上产生了广泛而深刻的社会影响。

民国肇始，蔡元培顺应社会时势发展，在教育理念上基本上延续了严复的教育、人才、救国三者之间的逻辑关系，以实际行动验证了教育具有培育人才、振兴民族、救国强国的社会功能，即肯定了"教育救国"的积极意义。1912 年 1月，蔡元培以教育总长名义通电全国，要求各地"应专注此次革新之事实，共和国民之权利义务，及尚武、实业诸端，而尤注重于公民之道德"④。几日后，蔡元培在《对于新教育之意见》一文中将"五育"并举，与严复提出的"三育"论相衔接。他指出："以教育界之分言三育者衡之，军国民主义为体育；实利主义为

---

① 严复著，胡伟希选注：《论世变之亟：严复集》，沈阳：辽宁人民出版社，1994，第 27-36 页。
② ［美］施沃茨：《严复与西方》，滕复等译，北京：职工教育出版社，1990，第 3 页。
③ 严复著，王宪明编：《严复学术文化随笔》，北京：中国青年出版社，1999，第 136 页。
④ 王世儒编：《蔡元培年谱新编》（上卷），北京：北京大学出版社，2019，第 177 页。

智育；公民道德即美育皆毗于德育。"①1917年，蔡元培在爱国女学、南开学校、浙江旅津公学进行的演讲中，反复强调三育。可见，严复对于蔡元培教育救国思想的影响是极其深刻的。

但值得注意的是，严复将发展体、智、德三育作为教育救国的一种手段，而非根本目的，因而他"忽视了教育所具有的'救人'的根本价值，未能从更深刻、更久远的意义上来认识教育的本质和审视教育的功能"②。与严复相比，虽然蔡元培一生同样以"教育救国"为志业，但他在借鉴严复"三育论"的基础上，对理想人格做了进一步完善的设计，这也反映出蔡元培相比于严复等维新教育思想家，对教育本质有了更为深刻的理解。蔡元培吸收了德国近代以来的人本主义思想，强调"以教育为方法，养成健全之个人，使国人能思、能言、能行、能担重大之责任，创造进化的社会；使国人能发达自由之精神，享受平等之机会。"③由此而揭示出蔡元培教育思想的核心是以成人为目的。因此在蔡元培看来，现代教育的目的在于唤醒人的主体性自觉，造就一种完全人格，从而真正发挥育人的作用。使教育回归"人本"，是蔡元培对教育本质认识的深化，这也深刻地反映出民初现代教育理念和价值取向的嬗变，体现了"一种可贵的关注人性、昂扬人性的理性的人文主义精神"④。

蔡元培与严复既有思想上的交集，也存在明显不同。尽管二人都曾留学海外以探求救国真理，但不同国度和时代决定了二人对于教育救国的认知不尽相同。严复青年时代受清政府公派赴英国留学，深受功利主义思想影响，"强调国破家亡背景下的'学以致用'"，有着强烈的政治色彩⑤。而蔡元培中年留学德国，受欧陆哲学，特别是康德哲学思想的影响，强调教育救国的同时不忘探讨人的终极价值，因此赋予教育以更为强烈的人本导向。留学国别和时代的不同，导致二人

---

① 中国蔡元培研究会编：《蔡元培全集》（第2卷），杭州：浙江教育出版社，1997，第14页。
② 陈家顺：《中国教育近代化中的"人的全面发展"：从三育到五育的嬗变》，《河南教育学院学报（哲学社会科学版）》，2008（3），第111页。
③ 中国蔡元培研究会编：《蔡元培全集》（第3卷），杭州：浙江教育出版社，1997，第550页。
④ 汪林茂：《晚清文化史》（修订本），合肥：安徽文艺出版社，2016，第202页。
⑤ 叶隽：《严复、蔡元培在北大精神初构中的影响评析》，《高等教育研究》，2010（4），第92页。

对于教育价值的理解也存在不同，"更决定了以人文思想为取向的两位先贤，不会所见尽同、所得无异"①。对于严复晚年思想上趋于保守，蔡元培心中不免感慨："严氏译《天演论》的时候，本来算激进派，听说他常常说'尊民叛君，尊今叛古'八个字的主义。后来他看的激进的多了，反有点偏于保守的样子。"②蔡元培教育思想的形成深受严复的影响，但在教育救人救国这条路上，蔡元培比严复要走得更远。

小结

任何一种教育思想的形成既是对社会现实的回应，也蕴含着对历史文化传统的继承与发展。因此考察蔡元培完全人格教育思想形成，既要从近代中国社会转型的现实和文化语境中寻找依据，又要从中西文化以及蔡元培与其他先觉者的思想互动中探索其思想渊源。

一方面，蔡元培一生对中国社会文化的发展始终保持着强烈的时代意识和敏锐的洞察力。通过上文简要回顾，我们可以看到清末民初是中国传统社会遭遇西方文明全局性挑战，开始向现代发生深刻转折的关键时段。这段历程相较于中国五千年文明史而言，时间虽短却风雷激荡、充满曲折。蔡元培的完全人格教育思想正是形成于近代中国历史承前启后的大变革时代。因此本章首先将蔡元培完全人格教育思想的形成放置在中国近代风云激荡的时代背景中，借助马克思主义文化理论的宏阔视角，分别从经济、政治、文化三个领域出发来考察影响蔡元培完全人格教育思想形成的重要因素。可以看到，完全人格教育思想的形成并不是一个孤立的文化现象，而是在社会经济、政治、文化相互作用、相互影响的辩证关系中形成和发展起来的。由此也说明完全人格教育思想的形成是符合马克思主义文化理论的发展规律的。

随着对近代中国民族危机、文化危机以及走出危机出路的认识的深化，蔡元

①叶隽：《严复、蔡元培在北大精神初构中的影响评析》，《高等教育研究》，2010（4），第92页。
②中国蔡元培研究会编：《蔡元培全集》（第5卷），杭州：浙江教育出版社，1997，第104页。

培对如何培养人的认识，经历了从培养精英人才到培养现代性国民，再到培育具有完全人格的新人的转变。在蔡元培看来，完全人格直接关乎社会重建与国家隆盛，因此，他重视从根本上启蒙人、解放人，培育具有完全人格的现代人。由此也凸显出蔡元培在探索和追求人的现代化过程中，不断变革自我、超越自我，最终形成了对人的本质和文化主体更为深刻而全面的思考。

另一方面，蔡元培对古今中外先进思想文化的吸收与借鉴也成为影响完全人格教育思想形成的重要来源。特别是在近代中西两种异质文明的交锋过程中，他始终坚持以宏阔的文化视野和平等豁达的心态来博采众家之长。这种"兼容并包"的文化立场和态度也在完全人格教育思想的形成过程中得到了具体呈现。因此本章第二节重点梳理了影响蔡元培教育思想形成的三大思想资源，即以"仁"和"乐"为核心的儒家教育思想、康德的两重世界论和德国古典教化思想、以"进化论"和教育救国论为代表的近代启蒙思想。通过比较分析，我们可以发现蔡元培最突出的特色在于他一贯坚持立足于解决中国的教育、文化的现代化问题，通过探究中西文明的互通之处，最终实现思想文化的融合创新。蔡元培坚持在传统与现代，东方与西方，不同的社会制度、历史传统和文化观念之间的冲突与碰撞、融合与互鉴中，创造出一种符合现代价值原则的中国新文化，而这种新文化正是每一个现代意义上的"人"所必需的。这也折射出蔡元培完全人格教育思想的人文向度。

总而言之，正是通过对现代"人"本质的观照，蔡元培才得以逐渐建构起以完全人格为核心的教育思想体系，并尝试以教育和文化事业的恒久作用来实现振兴民族和国家的百年大计。蔡元培在新教育、新文化领域开创的卓著功业，既饱含着价值论意义上的终极关怀，又流露出深切的爱国主义情怀。

第二章

教育乃成就人格之事业

——蔡元培完全人格教育思想的核心内容

近代以降，各路仁人志士携各种旨在挽救民族危亡的社会思潮竞相登场，试图探寻解决"中国将何去何从"这样一个历史课题。蔡元培并不满足于做一般的文化反省，而是更为深刻地洞悉到近代中国与西方国家相比真正落后的是人，因而蔡元培坚定地将教育定位于"养成人格之事业"①。在他看来，中国欲实现国家强盛和民族复兴，其国民首先要具有完全人格。只有以新教育、新文化、新理想来塑造具有完全人格的新人，才能建造新国家、新社会。换言之，人格完善与否将成为制约国家和民族兴亡的关键。因此，蔡元培在融合借鉴古今中外先进思想文化资源的基础上形成了完全人格教育思想。可以说，完全人格教育思想既是蔡元培教育思想体系的核心内容，也是他践行育人强国，以思想文化变革来引领社会发展的基点。

那么，什么是完全人格？如何培育完全人格？这是本书紧接着要展开讨论的核心问题。首先，本章分别从身心和谐、知情意统一、个性与群性调和三个层面来分析完全人格教育思想的基本内涵，接下来分别探讨塑造完全人格所需的具体内容以及这些教育要素之间的耦合关系，以求获得对完全人格教育思想的整体性认知。

一、完全人格教育思想的三重意涵

人格是指生活在特定社会文化中的人用以调和人与自然、人与社会、人与人、人与自身关系的行为准备，以及在实际行为中所凸显的精神素质。尽管在中西不同文化传统中，对于人格的理解存在着明显的差异，但是都把人格视为不断发展、不断完善、不断趋于和谐的精神素质。蔡元培在汲取中西人格理念精华的基础上，形成了完全人格教育思想，并从多角度、多层次对完全人格进行了诠释，使得其教育思想呈现出更为丰富的内涵。

---

① 中国蔡元培研究会编：《蔡元培全集》（第 2 卷），杭州：浙江教育出版社，1997，第 179 页。

（一）身心和谐

马克思认为，"全部人类历史的第一个前提无疑是有生命的个人的存在"①。从人的自然属性来看，人的存在首先体现在肉体及其生存所依赖的自然关系上。然而人区别于动物不仅在于肉体的存在，同时也体现为心理的存在。因此，一个完整的人格首先应该是身心合一的。身体与心理的统合"既表现为身体与灵魂的融合，也呈现为感性与理性的并存"②。然而中国人对于身心关系的认知自始至终并不是统一的，并在不同历史文化语境中呈现出不同的分合状态。如何通过现代教育来实现身心统合的完整性，则是完全人格教育思想的应有之义。

1. 身体与心理分合关系的历史回溯

在中国传统文化语境中，身体与心理之间的关系并非始终处于统一状态，而是大致经历了合—分—合三个不同阶段，这三个阶段分别代表了中国历史上三种不同的教育理念。

一是身体与心理的原初统一阶段。尽管此时古典"完人"教育对身体与心理、感性与理性之间关系的认识尚处于比较模糊的交织状态，但基本上仍是统一的。西周时期形成的以"礼、乐、射、御、书、数"为主要内容的六艺教育已经呈现出身心的原初统一，其中"射""御"侧重于身体教育，"礼""乐""书""数"侧重于心理教育，通过多种的教育形式和内容使身体和心灵得到升华。此外，中国传统哲学所强调的"体验""体悟"也强调肉体与灵魂、生理与心理的原初合一的状态。

二是身体与心理的关系走向割裂。秦汉以后中国建立起高度统一的专制教育，中国古典"完人"教育由此开始向追求"修身、齐家、治国、平天下"的"内圣外王"理想人格发生转变，特别是在儒家伦理道德规范的统摄下，传统读书人更加重视内在的智识和道德修养，而忽视外在身体的塑造，导致对身体的认知被迫隐退，从而走向生理与心理的二元对立。中国传统教育注重内在的精神修养，而

---

①《马克思恩格斯选集》（第1卷），北京：人民出版社，2012，第146页。
② 李润洲：《完整的人及其教育意蕴》，《教育研究》，2020（4），第28页。

忽视身体对外在世界的认知作用，致使读书人多习于文弱，养成了士人"食人治人"的依附性人格，导致了人格的畸形、片面发展。

三是身体与心理由对立重新走向统一。伴随近代思想启蒙进程的深入，中国的思想先觉者开始不同程度地关注到国民人格中身体与心理统一关系的重塑。近代思想家旨在构建"身、心相互塑造的'耦合'关系"，打破身心二分，消解身体与精神的对立①。这一认识对于塑造健全人格具有重要意义，为理解蔡元培塑造身心协调的完全人格提供了新视野和理论依据。

2. 身心和谐关乎人格的健全

蔡元培针对专制教育所导致的身心关系割裂予以严厉的批判。他指出："中古时代之教育，偏于一部分之心理，而不及生理一方面，诚为偏隘。今也，偏重生理一方面，而于心理一方面均漠视之，不亦矫枉而过其正乎？"②他认为身心相互影响、相互制约，要想实现人格的健全发展，教育不能偏废任何一方。

一方面，生理健全是心理发展的物质基础。蔡元培认为，"健全之精神，必宿于健全之身体，衣食足而后知荣辱，生理之影响于心理也有然"③。这就是说，在人的全部生活中，生理要素是心理要素的物质基础，也是心理要素发展的物质载体；离开人的生理属性，那么人的精神属性和社会属性就失去了依托。而如果一个人的生理属性受到抑制，那么其心理发展、道德品质必然会受到影响。在蔡元培看来，专制时代的教育常常局限于智力教育和道德教育，而无视人的生理意义上的健康，导致人格中的生理要素被抑制。有学者认为，"人格的生理要素的被抑制，则会使一个人的人格变得平庸苍白、缺乏激情，呈现出病态。"④面对"抑身扬心"的片面化教育所导致的身心割裂，蔡元培感到尤为惋惜。他痛感片面、狭隘的专制教育导致"体魄孱弱，力不逮志，奄然与凡庸伍者，甚至或盛年废学，或中道夭逝，尤可悲焉"⑤。可见，身体的健康关乎心理的健康，生理人格

---

① 曾文婕：《学习哲学论：学习型社会建设的深化路径研究》，北京：人民教育出版社，2017，第106页。
② 中国蔡元培研究会编：《蔡元培全集》（第2卷），杭州：浙江教育出版社，1997，第376页。
③ 中国蔡元培研究会编：《蔡元培全集》（第2卷），杭州：浙江教育出版社，1997，第376页。
④ 曲炜：《人格之谜》，北京：中国人民大学出版社，1991，第29页。
⑤ 中国蔡元培研究会编：《蔡元培全集》（第2卷），杭州：浙江教育出版社，1997，第78页。

052　蔡元培完全人格教育思想研究

的缺失使得人生缺乏生命力和创造力。

另一方面，良好的心理品质对于养成康健的身体也多有益处。在蔡元培看来，"精神者，人身之主动力也"①。积极的人生态度和乐观豁达的心理品质对于健康体魄的形成至关重要，能够给人格的健康发展注入积极动力。反之，精神不快则会影响人的饮食、睡眠，进而影响人的血气循环，最终导致身体枯槁。因而，健康的心理对于康健体魄的形成尤为关键。一旦人的生理机能被抑制，那么这个人就无异于毫无生机和活力的"植物人"。因而，完整的人格必须具备和谐的身心关系。

既然人格的生理因素和心理因素相互依存，那么在养成完全人格的教育过程中就要使身心均衡发展，避免厚此薄彼。因此，蔡元培在《一九〇〇年以来教育之进步》一文中明确提出："小学教育既以遵循天性、养成人格为本义，则于身、心两方面，决不可有偏废，而且不可不使为一致之调和。"②

综上，我们可以得出身心和谐是培育完全人格的基本前提。人作为有别于动物的高级生命，既不是纯粹感性的存在，也不是纯粹理性的存在，而是感性与理性、身与心的和谐统一。精神孕育于身体中并通过身体而呈现出来，身体也无法脱离精神的指引，否则就与行尸走肉没有区别，正是因为二者的融合统一，才使人性呈现出丰富的层次和色彩。

（二）知情意统一

如果说身心和谐发展是侧重于从生理层面来诠释完全人格，那么知情意的统一则侧重从精神维度来阐释完全人格的内涵。蔡元培在《中学修身教科书》中指出："人性何由而完成？曰：在发展人格。发展人格者，举智、情、意而统一之光明之谓也。"③蔡元培认为教育最重要的目的在于完善人性，完善人性的基本方式在于发展人格，而发展人格则需要培养个体的知、情、意三方面的能力，从而

---

① 中国蔡元培研究会编：《蔡元培全集》（第 2 卷），杭州：浙江教育出版社，1997，第 80 页。
② 中国蔡元培研究会编：《蔡元培全集》（第 2 卷），杭州：浙江教育出版社，1997，第 376 页。
③ 中国蔡元培研究会编：《蔡元培全集》（第 2 卷），杭州：浙江教育出版社，1997，第 160 页。

满足个体对真、善、美的追求。由此，蔡元培建构起教育、人格和知情意之间的逻辑关系，从而使知情意的统一成为理解完全人格教育思想不可或缺的一个重要维度。

1. 知情意统一于完全人格的建构过程

首先，知、情、意诸要素在主体的心理构成上相互渗透。蔡元培认为"人心之作用，蕃变无方，而得括之以智、情、意三者"[①]。知，即主体的求知欲望，是指人们在探究事物本质的过程中形成的关于客观世界和主观世界的认知。蔡元培指出："知识者，人事之基本也。"[②]这就是说，人类的本性在于求知。人类作为一种有意识的存在能够反映存在，而反映存在的实质就是求知。情是指情感，是人们对于客观事物的态度和体验所引起的情感意识，反映了客观事物与自己的需要之间的关系，这里包含了爱憎、喜恶等情感、欲望的体验。意即意志、毅力，主要表现为个体能够主动抵抗外界的干扰和诱惑，在困难面前保持精神定力的一种状态。认知、情感、意志是人格内在结构中的三个重要因素，其中认知是人格生成的重要基础，认知的成果积淀于人格的形成过程之中；情感则对于人格的发展具有促进或抑制的作用，为其指明了价值取向；意志则为人格的形成提供精神动力，三者之间并不是彼此孤立的，而是相互渗透，相互补充。

其次，知、情、意诸要素在人格发展的过程中相互促动。蔡元培认为："良心者，该智、情、意而有之，而不囿于一者也。"[③]这就意味着认知、情感、意志诸要素构成了一个统一的、相互关联的文化心理结构。蔡元培提出："凡人欲行一事，必先判决其是非，此良心作用之属于智者也。既判其是非矣，而后有当行不当行之决定，是良心作用之属于意者也。于其未行之先，善者爱之，否者恶之，既行之后，则乐之，否则悔之，此良心作用之属于情者也。"[④]这就是说，一个人想要做一件事，必定首先要对事物的性质有所判断，而判断是非所依据的知识就

---

① 中国蔡元培研究会编：《蔡元培全集》（第2卷），杭州：浙江教育出版社，1997，第153页。
② 中国蔡元培研究会编：《蔡元培全集》（第2卷），杭州：浙江教育出版社，1997，第90页。
③ 中国蔡元培研究会编：《蔡元培全集》（第2卷），杭州：浙江教育出版社，1997，第154页。
④ 中国蔡元培研究会编：《蔡元培全集》（第2卷），杭州：浙江教育出版社，1997，第154页。

属于知的范畴；一旦对事物有所认识之后，就要决定应该做还是不应该做，这就属于意的范畴；而当人们对此采取行动或未采取行动的时候，又会激起人们心中爱、恶、乐、悔等主观感受，这就属于情的范畴。由此可见，在人们经由认知、情感、意志等心理活动对客观事物做出反应和判断的过程中，知、情、意诸要素之间彼此关联、相互交织，形成一个相互促动的整体。

再次，知、情、意三者在人格养成的过程中相互补充，缺一不可。蔡元培不仅敏锐地洞察到完全人格的养成离不开知、情、意三者的相互影响，而且强调人格的发展在于三者并重，不能厚此薄彼。其中，认知是情感与意志的基础和前提。如果受教育者缺少辨别善恶的智识，"则无意之中，恒不免自纳于邪"①。同时，主体的情感需要和意志的强弱程度也会对认知起到推进或者阻碍的作用。如果主体仅具有区分善恶的知识，而缺乏扬善抑恶的意志引导，则可能会视而不见，无法落实于行动中。可见，认知、情感、意志在功能上相互补充，在品质上相互制约，共同推进人格的完善。

2. 以真善美为价值追求

如果将人格的精神属性分为知、情、意三种，那么三者则分别对应着求真、向善、爱美三种理想，其中知力求真，感情求美，意志求善。蔡元培在《真善美》一文中把真、善、美作为知、情、意的最高价值追求。在蔡元培看来，真是认知的对象，是人对自身和外界的确定性的体认。善是意志的对象，是指人对自我意识、行为和目的正当性的反思，以恶为对立面。美是情感的愉悦，反映了人在活动中所产生的一种非功利性的精神愉悦。真、善、美三者统一于对自由的追求当中。

人虽然有知、情、意三种能力，然而知识有真伪之分，意志有善恶之分，情感有美丑之别，因此，知、情、意并非一定通向真、善、美的理想境界。例如，科学家的发明既有有利于人类的，也有有害于人类的；唯美主义艺术家就常常完全不顾及善恶，只追求纯粹的美感。这就说明知、情、意本身如果缺乏正确的价

---

① 中国蔡元培研究会编：《蔡元培全集》（第 2 卷），杭州：浙江教育出版社，1997，第 155 页。

值引导，也可能走向其对立面。因此蔡元培强调："因善离了真，不免以恶为善；离了美，不免见善而不能行。"①这就要求知、情、意应以真、善、美为价值取向。

在《对于新教育之意见》一文中，蔡元培从心理学角度对教育内容进行了分类："军国民主义毗于意志；实利主义毗于知识；德育兼意志情感二方面；美育毗于情感；而世界观则统三者而一之。"②可以看出，蔡元培所提出的"五育并举"实际上就是以真、善、美为理想的教育，共同指向了人性的完整。其中，智育意在求真，能够帮助人突破自己的限制，获得敏锐的洞察力，并透过瞬息万变的表象探寻到生活的本相，从而发现完整生活的真相。德育意在求善，使人通过自我肯定、自我完善，最终形成个体的善良品格，同时通过引导人和塑造人，使其能够按照善的标准约束自己的行为，并遵守群体规范。美育在于引导受教育者感知美的存在，培养其鉴赏力和创造力。"美就是人对自我、他人、自然产生'愉悦感'和'舒适感'的追求。"③对于美的追求有助于人的感性和理性达到和谐状态，促成人性的完整，最终进入一种自由的境界。

（三）个性与群性调和

一个人身心和谐和知情意统一并不一定意味着人格已经健全无缺。蔡元培认为一个完整的人格至少还应实现个性和群性的均衡发展。这就要求教育不仅要培养受教育者的独立人格，使其获得个性解放，同时还要唤醒个体对于群体的责任和担当，实现个性与群性的统一。新教育所要培养的完全人格则统一于人的个性化与社会化的过程之中。

1. 解放个性

蔡元培受卢梭、裴斯泰洛齐等人本主义哲学家、教育家的影响，主张以受教育者为本位，使人的个性和全部能力得到充分发展，从而获得现代人之为现代人

---

① 中国蔡元培研究会编：《蔡元培全集》（第6卷），杭州：浙江教育出版社，1997，第137页。
② 中国蔡元培研究会编：《蔡元培全集》（第2卷），杭州：浙江教育出版社，1997，第14页。
③ 邹广文，常晋芳：《全球化进程中的人》，郑州：河南人民出版社，2011，第264页。

的自由与尊严。

其一，崇尚个性意味着对多样性的尊重。在蔡元培看来，每个人的生命都是独特的、丰富多彩的。因此教育不能用一种统一的模具，以整齐划一的方式来限制人的个性的自由发展。蔡元培批判专制主义时代的教育是把受教育者专门铸造成整齐划一的"特别器具"，"给抱有他种目的人去应用"[1]。进入共和时代，蔡元培则希望将学生从被压制、被奴役的状态下解放出来，力求培养学生独立、自由的个性。实现个性的独立与自由，则要求尊重人的多样性。他强调要以受教育者为主体，充分发展每个人的独特性和多样性，使其一切能力和天赋得到充分发挥。

其二，尊重个性意味着尊重人的自由。蔡元培强调新旧教育的本质区别在于是否禁锢学生的个性。他指出，"昔之教育，使儿童受教于成人；今之教育，乃使成人受教于儿童。"[2]专制时代的教育为了维护和稳固王权制度的需要，以消融个体的独立人格为特征，从而使个人价值与社会伦理秩序不会发生冲突。这种重群性、泯个性的教育方式导致了中国人安分、依附、盲从的国民性格，缺乏独立的人格和自由的精神。因而，个性的解放首先要从人格的独立开始，即从个性的压抑和奴化的状态中解放出来，进而实现人格的自由和完善。

2. 发达群性

所谓群性，并不是与个性完全对立，而是建立在个性发达基础上的群性。蔡元培虽然深受卢梭等西方人文主义思想的影响，但并不完全赞同其激进的个人本位论，而是体现出兼济天下的儒士情怀。蔡元培主张在个性发达的基础上实现群性的发达。"人格之发展，必与社会之发展相应。不明乎此，则有以独善其身为鹄，而不措意于社会者。岂知人格者，谓吾人在社会中之品格，外乎社会，又何所谓人格耶？"[3]对蔡元培而言，"社会逃不出世界，个人逃不出社会"[4]。人区

---

① 中国蔡元培研究会编：《蔡元培全集》（第4卷），杭州：浙江教育出版社，1997，第585页。
② 中国蔡元培研究会编：《蔡元培全集》（第2卷），杭州：浙江教育出版社，1997，第177页。
③ 中国蔡元培研究会编：《蔡元培全集》（第2卷），杭州：浙江教育出版社，1997，第161页。
④ 中国蔡元培研究会编：《蔡元培全集》（第2卷），杭州：浙江教育出版社，1997，第178页。

别于他物不仅在于人是自然的存在，同时还是一种社会性存在。特别是进入共和时代，国民个性得到了前所未有的解放，掌握了思想、言论等自由，但同时也需要承担起国民应尽的义务，这就是群性的发展。但这种群性是对于国家而言，而非对于君主。蔡元培认为只有兼顾个性与群性的国民教育，个性的发展才有保障。因而，他认为教育家的任务在于发现一种教育方法，这种方法既能充分培育国民发达的个性，又能使国家和社会发展所需的群性得到充分弘扬。

蔡元培对完全人格的探讨并未就此止步。他认为个性的发展虽然以国民为界限，群性的发达以国家为界限，但随着理性的进步，人的群性会逐渐外溢到国家之外，形成所谓的世界主义或人道主义，人的个性则会逐渐超出国民自身，形成所谓的人权或人格。他不仅希望通过新教育实现个性的解放，同时还希望每个国民都能肩负起对于社会和国家的责任。此外，作为现代人还应具有一种世界主义的眼光，"于人类文化上能尽一分子的责任"，为人类共同的幸福尽义务[①]。

3. 个性与群性统一

个性与群性的统一意味着自由与责任的统一。蔡元培指出，"在生物进化史上，看出无群性则个性不能生存，无个体则群体不能进步"[②]。他在肯定个性合理性的同时也肯定了群体价值的合理性，主张教育应致力于人的个性和群性的协调发展，进而形成完善的人格，只有这样才能获得真正的幸福。他认为群性与个性的发展是相反相成的，只有个性与群性和谐发展才能称得上是完全人格。教育家的责任就在于造就个性与群性平均发达的人，使其一方面成为一个完整的人，同时也能尽人生的义务，推动国家和人类社会的进步。正是在这个意义上，蔡元培将个性与群性的平均发达作为现代人所必须具备的基本素质。

概而言之，完全人格作为一个现代概念集中体现了蔡元培对教育何以使人成为一个完整的人的深刻思考。蔡元培分别从身心和谐、知情意统一、个性和群性调和三个层面对完全人格的基本内涵进行了阐述。在他看来，人作为一个有机的整体只有在这三个方面都得到健全的发展，才能构成完整的人格。人的发展缺少

---

① 中国蔡元培研究会编：《蔡元培全集》（第4卷），杭州：浙江教育出版社，1997，第585页。
② 中国蔡元培研究会编：《蔡元培全集》（第7卷），杭州：浙江教育出版社，1997，第28页。

其中任何一个维度，都是片面的、畸形的、狭隘的。因此，现代教育的本质应当是促进人性的完善和人格的完整。可见，完全人格教育理念中蕴含着蔡元培对人自身、人与他人、人与社会之间关系等哲学命题的思考，这也正是其思想的现代性、原创性之所在，从而奠定了蔡元培在近代思想文化史上的地位。

二、完全人格教育的四要素

蔡元培对于如何塑造具有完全人格的现代人的思考并没有停留在抽象的理念层面，而是赋予其具体的内容。在他看来，现代教育与传统教育最本质的区别在于是否以受教育者为本位，这就意味着培育完全人格要以人的自身发展需要作为内容依据。这一观点阐明了蔡元培教育思想的人本立场。那么培育完全人格需要哪些内容呢？蔡元培进而指出完全人格"内分四育，即体育、智育、德育、美育"[①]。德、智、体、美四育分别指向了人的发展的不同需要，是塑造健全人格不可或缺的重要内容，因而德、智、体、美四育各自具有相对的独立性和明确的针对性，具有无可替代的育人价值。因此，他主张德、智、体、美四育全面发展、各美其美，不可偏枯，这是实现完全人格的前提。

（一）德育：培育完全人格的根本

辛亥革命后，与满清政权土崩瓦解相伴而来的则是传统伦理道德体系的崩溃。面对民初政治失序、道德失范所引发的社会动荡，蔡元培认为亟须以新道德匡正社会风气，以新教育重塑国民人格，因而德育被视为培铸完全人格的"根本"，被赋予了提振国民精神，塑造良好社会风尚，培养担当救亡图强、民族复兴大任的新国民的历史使命。

但长期以来，人们常把蔡元培所提倡的"德育"等同于公民道德教育，即强调德育是为现实生活服务，以提升公民道德素养为目标。应当承认，从现实功能

---

① 中国蔡元培研究会编：《蔡元培全集》（第 4 卷），杭州：浙江教育出版社，1997，第 259 页。

出发理解德育具有一定的合理性，突出了德育立足于近代救亡图强的时代主题，强化了服务社会的价值和功能，但这样的理解并不能全面地呈现出蔡元培德育思想的深刻性。蔡元培认为，"教育者，立于现象世界而有事于实体世界"[①]。从这一界定可以清晰地看到蔡元培所提倡的德育包含了两个不同向度：一是从实然的维度强调德育要立足于社会发展的功能诉求以促进公民道德素质的提升；二是从应然的维度强调德育要超越于具体的功利诉求，去追求人性的完善。前者的价值功能通过现象世界的公民道德教育来实现，后者的价值诉求则体现为追求实体世界的世界观教育。恰恰是二者的结合才构成蔡元培眼中完整的现代德育。因而只有基于实然与应然两个不同的向度来阐释德育的目的和内容，才能真正理解为何蔡元培会把德育视为"完全人格之本"[②]。这也是诠释蔡元培德育思想的先进性和深刻性的一个全新视角。

1. 德育的目的

从德育的目的来看，蔡元培认为现代德育既关注现实生活的幸福，也追求彼岸世界的自由。他不仅从中国社会现实需求的实然角度来思考中国需要什么样的德育，才能实现救亡图强的社会急务，也能从应然视角出发来思考德育如何回归以人为目的的根本立场，超越于一己利害的功利性诉求，实现人性的完善。因此，德育的目的包含了现实性与超越性两个不同的维度。

一方面，从现实性维度来看，蔡元培将公民道德教育视为实现立德树人的根本途径。辛亥革命后，他发现现实世界是一个恃武力和财力的世界。面对山河破碎、军阀混战的残酷现实，目睹国人道德沦丧、精神涣散的悲凉景象，忧国忧民的蔡元培迫切希望通过道德教育来重振社会风气、重塑国民人格。他深刻地洞悉到强兵富国并不能完全排除道德的问题，"若无德，则虽体魄、智力发达，适足助其为恶，无益也"，由此蔡元培得出"德育实为完全人格之本"的结论[③]。所谓"本"即根本，凸显了德育的基础性和重要性。蔡元培将公民德性的培育放在比

---

① 中国蔡元培研究会编：《蔡元培全集》（第 2 卷），杭州：浙江教育出版社，1997，第 12 页。
② 中国蔡元培研究会编：《蔡元培全集》（第 3 卷），杭州：浙江教育出版社，1997，第 13 页。
③ 中国蔡元培研究会编：《蔡元培全集》（第 3 卷），杭州：浙江教育出版社，1997，第 13 页。

强兵富国更为重要的基础地位，认为德育直接关系到社会的和谐发展，而社会和谐发展的根本落脚点在于实现个体人格的自由而健全的发展。因此，从现实性目的来看，德育旨在通过道德教育实现立德树人，实现个体发展与社会发展的有机统一。总体来看，尽管蔡元培的德育思想本身带有较为明显的功利色彩，但这种诉求建立在"人是目的"的人学命题基础上，呈现出浓厚的人文关怀的底蕴[①]。

另一方面，德育的超越性又要求受教育者能超脱现实功利的束缚，逐渐通向自由、澄明的实体世界。蔡元培认为现象世界自身并不是自足的、完满的，因而生活于其中的人们必然会存在"人我之差别"和"幸福之营求"两种褊狭的意识，其结果会阻碍社会的发展和个体获得真正的自由[②]。此外，人终有一死，国家、社会和世界也总有消亡的一日，如果人们把有限的现世幸福作为唯一的目的，那么将永远无法达到崇高的理想境界。而要克服这种障碍，就需要通过世界观教育来树立一种崇高的道德情怀，把人从现实的功利营求中解放出来，不断接近实体世界的自由状态。因而，蔡元培认为世界观教育要尊重思想自由、言论自由的国际惯例，不应以某个流派的哲学或者某一门宗教的教义来禁锢人的思想，而应该时刻"悬一无方体无始终之世界观为鹄"[③]。可见，世界观教育内在的超越性是对现代德育的本质规定，其超然的特征指向了超逸于因果规律、不受时间和空间的束缚、通向心灵的澄明和精神自由的崇高境界。

由上可见，蔡元培对德育目的的定位既立足于现象世界，通过追求公民德性完善来获得现世的幸福，又能超越于现象世界的功利束缚，逐渐接近实体世界，以此获得自由。因此二者并不是非此即彼的对立关系，而是现代德育的一体两面，统一于塑造完全人格的教育理想之中，其中既饱含着对民族命运和个体幸福的现实关切，又指向了通向永恒的自由世界的终极价值关怀。

2. 德育的内容

从德育的内容来看，蔡元培既考虑了完善社会道德规范和提升个人道德素养

[①] 班建武：《适应与超越：蔡元培德育思想的两个向度》，《现代大学教育》，2009（6），第84页。
[②] 中国蔡元培研究会编：《蔡元培全集》（第2卷），杭州：浙江教育出版社，1997，第13页。
[③] 中国蔡元培研究会编：《蔡元培全集》（第2卷），杭州：浙江教育出版社，1997，第13页。

的现实性诉求，也注意到了培育个体安身立命的精神家园的超越性品质。前者体现为以严私德、守公德、明大德为核心的公民道德教育，后者体现为一种基于哲学信仰的理想教育。

1912年蔡元培在《对于新教育之意见》一文中指出，所谓公民道德，就是法国大革命所倡导的"自由、平等、亲爱（博爱）"，他认为自由、平等、博爱三者是一切道德的根源，是"公民道德教育之所有事者也"[①]。可见，蔡元培对德育内容的理解并非因循中国传统的道德观，而是在植根于中华文化底蕴的基础上，借鉴西方现代自由、平等等价值原则，意在实现对德育内容的融会创新。蔡元培分别以儒家文化传统中的"义""恕""仁"来会通"自由""平等""博爱"的含义：

> 孔子曰：匹夫不可夺志。孟子曰：大丈夫者，富贵不能淫，贫贱不能移，威武不能屈。自由之谓也，古者盖谓之义。孔子曰：己所不欲，勿施于人。子贡曰：我不欲人之加诸我也，吾亦欲毋加诸人。《礼记·大学》曰：所恶于前，毋以先后；所恶于后，毋以从前；所恶于右，毋以交于左；所恶于左，毋以交于右。平等之谓也。古者盖谓之恕。……孔子曰：己欲立而立人，己欲达而达人。亲爱之谓也。古者盖谓之仁。[②]

在蔡元培看来，"义"和"恕"归属于消极道德，是人之为人必须遵守的道德底线，而"仁"则属于积极道德，需要积极提倡。进而他认为，人格培养必须以消极道德为种子，在此基础上再经过积极道德的涵养，从而使之枝繁叶茂。蔡元培主张以积极道德与消极道德共同涵养公民的道德品格，促进人格的完善，实现人生境界的提升。

公民道德教育所应遵循的价值原则确立后，蔡元培"遵循严私德、守公德、

---

① 中国蔡元培研究会编：《蔡元培全集》（第2卷），杭州：浙江教育出版社，1997，第10-11页。
② 中国蔡元培研究会编：《蔡元培全集》（第2卷），杭州：浙江教育出版社，1997，第10页。

明大德的生成路径"来讨论如何养成完全人格①。实际上，儒家所提倡的美德伦理学并不区分公德与私德，因此在传统道德体系中，公与私常常混杂在一起。直到二十世纪初，梁启超提出"人人独善其身者谓之私德，人人相善其群者谓之公德"，才开启了以"公德"和"私德"这对概念性框架来讨论公民道德建设的先河②。

梁启超指出："我国民所最缺者，公德其一端也。"③梁启超本意在唤醒国人爱国利群的政治公德以实现合群救国，然而在民族主义和功利主义高扬的近代社会里，此语却被断章取义地理解为肯定公德而否定私德，甚至有论者"将公德的衰微归罪于私德的张扬"④。蔡元培针对社会上普遍存在"谬托公德而鄙弃私德"的不良风气予以严厉批评⑤。他指出："今人恒言，西方尚公德，而东方尚私德；又以为能尽公德，则私德之出入不足措意，是误会也。吾人既为社会之一分子，分子之腐败，不能无影响于全体。"⑥蔡元培认为私德与公德具有统一性，私德不修，则人格不立，公德不展。私德和公德作为现代公民的基本道德素质，相互关联，缺一不可。

一方面，个人的私德关系社会发展。蔡元培认为"私德不修，祸及社会"，于是号召青年从"严私德"做起，在个人生活和交往中应谨守个人义务和职业道德⑦。另一方面，蔡元培洞见到个人在近代社会转型中身份由私民向公民发生转变，因此要求青年要"守公德"，在公共生活中尽到公民义务，维护公共利益和公共秩序，发挥利群、益群的作用。当公德与私德出现矛盾时，蔡元培则主张要"明大德"，以公德为优先。他指出："朋友之交，私德也；国家之务，公德也。二者不能并存，则不能不屈私德以从公德"。⑧这就是说在大局面前，个人要以勇

① 李宜江：《蔡元培德育观及其对立德树人落实机制的启示》，《齐鲁学刊》，2022（4），第85页。
② 王德峰编选：《梁启超文选》，上海：上海远东出版社，2011，第47页。
③ 王德峰编选：《梁启超文选》，上海：上海远东出版社，2011，第47页。
④ 廖小平：《公德和私德的厘定与公民道德建设的任务》，《社会科学》，2002（2），第57页。
⑤ 陈乔见：《清末民初的"公德私德"之辩及其当代启示——从"美德统一性"的视域看》，《文史哲》，2020（5），第30页。
⑥ 中国蔡元培研究会编：《蔡元培全集》（第3卷），杭州：浙江教育出版社，1997，第237页。
⑦ 中国蔡元培研究会编：《蔡元培全集》（第3卷），杭州：浙江教育出版社，1997，第237页。
⑧ 中国蔡元培研究会编：《蔡元培全集》（第2卷），杭州：浙江教育出版社，1997，第98页。

于承担社会责任为优先，宁可放弃个人的利益，也要"图社会之幸福"①。

实际上，仅从公民道德教育的视角来阐释德育内容，并不能全面、深刻地呈现出蔡元培完全人格教育思想的深邃性和高远的价值追求。他认为，教育是培养人格的事业，如果仅仅注重灌注知识，培养学生的专业技能，而不注重理想教育，那么这种教育就是机械的教育，并不是以人为本的教育。因此，现代意义上的德育不仅要培养现实生活所需的公民道德品质，也要赋予其一种超脱于现实的高尚精神追求，这种高尚的精神追求就体现为一种哲学意义上的理想教育。如果说蔡元培早期有关世界观教育的论述"带有明显的超意志思维和哲学思辨色彩"的话，那么他在晚年已经明确把世界观教育具体化为"哲学的课程"②。所谓"哲学的课程"并非指专业的哲学学科教育，而是意在汲取哲学所蕴含的自由精神和形而上的终极价值关怀，通过"兼采周秦诸子、印度哲学及欧洲哲学，以打破二千年来墨守孔学的旧习"，引导国人通过对普遍意义和终极价值的追求，获得人格的独立，最终通向自由的境界③。因此，哲学意义上的德育区别于宗教，却具有宗教般的魅力，能够助人摆脱现实功利的困扰，克服人我之间的差别，从容面对世间万物，逐渐通向自由而澄明的实体世界。

综上所述，蔡元培分别从现实性与超越性两个维度诠释了现代德育的价值和功能。他不仅从实然角度来引导个体通过践行公民道德规范来实现对现世幸福的追求，也能从应然的角度帮助人超越一己利害的功利性诉求，"给他能发展自己的能力，完成他的人格，于人类文化上能尽一分子的责任"④。难能可贵的是，蔡元培不仅全面地阐释了德育的现实性与超越性意义，而且为促成二者的统一提供了可资借鉴的思路。正如张汝伦教授所评价："道德对蔡元培来说，既是终极价值，思想基础，又是行为准则。"⑤蔡元培的德育思想对于丰富现代德育的精神内

---

① 中国蔡元培研究会编：《蔡元培全集》（第2卷），杭州：浙江教育出版社，1997，第115页。
② 罗永华，扈中平：《蔡元培"世界观教育"的三重意蕴与启示》，《绍兴文理学院学报》，2022（6），第52页。
③ 中国蔡元培研究会编：《蔡元培全集》（第8卷），杭州：浙江教育出版社，1997，第508页。
④ 中国蔡元培研究会编：《蔡元培全集》（第4卷），杭州：浙江教育出版社，1997，第585页。
⑤ 张汝伦编：《文化融合与道德教化——蔡元培文选》序言，上海：上海远东出版社，2012，第22页。

涵具有十分重要的借鉴意义。

（二）智育：培育完全人格的知识和认知基础

如果说把德智体美四育的功能比作维持人体运转的生理系统，那么智育就是人体生长所必需的营养，是造就完全人格的知识和认知的基础。在救亡图存成为近代中国社会的急务后，如何开启民智则成为仁人志士不断探求的主题。在蔡元培看来，现代意义上的智育至少包括三个层次：一是面向人的知识普及；二是作为国民的基本知识技能；三是将知识养料转化为理性自觉。可见智育始于知识的传递，而有赖于科学思维方法的养成，最终目的在于实现人自身的完善。这一认识标志着以蔡元培为代表的近代先觉者对人的现代化的认知在不断向更深层次推进。

1. 智育的普及

随着对近代中国民族危机、文化危机以及走出危机出路的认识的深化，蔡元培对如何培养人的认识，经历了从培养精英人才到培养现代性国民，再到培育具有完全人格的新人的转变。他认为，"人无贵贱，未有可以不就学者"。[①]特别是在近代以"开民智"为导向，"以人人有学"为目的的智育普及过程中，教育从官本位向民本位发生转变，教育的平等性日渐凸显。

近代以来，国民教育普及的一个重要标志就是实行男女同校。接受学校教育不再为男子所专有的权利，新教育开始关注造就具有完全人格的新女性。在蔡元培看来，"既欲令人人受教育，自当以女学为最重要之事"[②]。蔡元培认为"完全人格，男女一也"[③]。也就是说，无论男女都应平等地享有受教育的权利，且所接受的教育内容也要相同。1912 年他任教育总长期间制定《普通教育暂行办法》，首次宣布小学校男女同校。1920 年蔡元培顺应时代潮流，率先在他执掌的北京大学开放女禁，具有开风气之先的作用，是中国教育史上的一个重要里程碑。

---

① 中国蔡元培研究会编：《蔡元培全集》（第 2 卷），杭州：浙江教育出版社，1997，第 90 页。
② 中国蔡元培研究会编：《蔡元培全集》（第 2 卷），杭州：浙江教育出版社，1997，第 240 页。
③ 中国蔡元培研究会编：《蔡元培全集》（第 3 卷），杭州：浙江教育出版社，1997，第 12 页。

2. 智育内容的转变

近代以来，智育的内容逐渐由主观向客观、从高雅向世俗发生转变。一方面，智育开始关注人生存的现实的客观世界。蔡元培认为，我国的教育至少有两千年没有重视发展更高层次的科学教育，而是专注于用文学等内容去塑造人的品格，使他们具备一定的文学素养而已。近代以前，智育屈从于德育，所传递的知识多是统摄于经史子集框架下的有关主观世界的道德伦理知识，重在实现以"修身、齐家、治国、平天下"为目标的主观道德实践。近代以后，随着科学的进步和社会文明程度的提高，特别是在西方列强坚船利炮、声光电化的刺激下，中国人求知的方向开始向客观世界发生转变。蔡元培认识到科学探索的重要价值以及科学对物质、文化进步的重要作用，是导致智育内容发生转变的重要因素之一。从这个意义上讲，重视发展科学教育是中国开启教育现代化进程的一个显著标志。

另一方面，智育必须基于人的生活立场，提供人生存、成长所必需的知识和技能。蔡元培强调"知识者，人事之基本"[①]。这就要求现代智育的内容必须从过去端坐大雅之堂向世俗化、大众化发生转变。特别是在杜威实用主义教育思想的影响下，蔡元培逐渐意识到普通教育要"以人民生计为普通教育之中坚"，要从脱离实际生活向"为人生而知识"发生转变[②]。这一转变反映出近代以来智育内容已经发生明显改变，折射出蔡元培智育理论中蕴含的浓厚人文情怀。

3. 智育方法的改变

从智育的方法来看，近代智育始于知识的传递，但知识的传递需要掌握科学的思维方法。蔡元培强调"智育则属精神方面。……盖人之心思细密，方能处事精详。而习练此心思使之细密，则有赖于科学。"[③]中国传统学术重直观演绎而疏于归纳推理，一直沿袭"公式化、程式化的思维模式"，陈陈相因，从而限制了

---

① 中国蔡元培研究会编：《蔡元培全集》（第2卷），杭州：浙江教育出版社，1997，第90页。
② 中国蔡元培研究会编：《蔡元培全集》（第2卷），杭州：浙江教育出版社，1997，第10页。
③ 中国蔡元培研究会编：《蔡元培全集》（第3卷），杭州：浙江教育出版社，1997，第13页。

中国人的创造精神①。蔡元培作为科学思维方法的倡导者，强调"以研究学理为的，各民族之特性及条教，皆为研究之资料，参伍而贯通之，以归纳于最高之观念，乃复由是而演绎之，以为种种之科条"②。他深刻地认识到，智识的发展不仅仅在知识的传递，而且在于培养学生养成归纳推理的思维方法以及求真求实的科学精神，敢于打破传统经学思维的束缚。他指出："今之新教育，每以科学炼其头脑，使为有规则之研究，且就前人研究已到地步，追迹探究，而为更进之发明，不故步自封，不墨守旧说，故能精益求精，日有所发明。"③在蔡元培看来，智育的关键不是给学生传递知识，"最要是引起学生读书的兴味"④。因此他认为智育的发展方向应该从传统的教学生"学会"知识向掌握学习方法的"会学"转变，从单纯的传授知识向开发智力、培养学习能力转变⑤。这也使智育告别经学传统，走向现代。

（三）体育：培育完全人格的生理前提

体育在中国延续千余年的专制教育中一直处于被抑制和弱化的境遇。直到近代中国濒于亡国灭种的危机，被外人讥讽为"东亚病夫"才让晚清当局从"睡狮"的状态中惊醒，开始反思体育的重要性。虽然清末教育宗旨将"尚武"列入其中，但是在蔡元培看来，所谓"尚武"即"军国民教育"并非是一种理想的教育形式，特别是在辛亥革命的成果很快被袁世凯独裁政权所窃取后，他更加深切地洞察到"尚武"不过"是一种停留于物质层面的模仿，缺乏精神内涵而徒有形式"⑥。他在综合严复"鼓民力"和梁启超提倡"尚武精神"的基础上，结合西方现代体育观，提出"完全人格，首在体育"，首次明确了体育作为培育完全人格的生理前提，是十分重要且紧迫的。

---

① 郑师渠：《辛亥革命后关于国民性问题的讨论》，《天津社会科学》，1988（6），第41页。
② 中国蔡元培研究会编：《蔡元培全集》（第1卷），杭州：浙江教育出版社，1997，第467页。
③ 中国蔡元培研究会编：《蔡元培全集》（第3卷），杭州：浙江教育出版社，1997，第102页。
④ 中国蔡元培研究会编：《蔡元培全集》（第4卷），杭州：浙江教育出版社，1997，第260页。
⑤ 冯建军：《构建德智体美劳全面培养的教育体系：理据与策略》，《西北师大学报（社会科学版）》，2020（3），第6页。
⑥ 何叙，律海涛：《梁启超的体育观》，《体育文化导刊》，2005（4），第72页。

1. 体质康健是塑造健全人格的生理要求

体育最表层、最直接的功效在于强筋健骨、增进体力、实现强身自卫。肉体的健康是维系生命存在的重要基础，也是保持人格独立的生理前提。然而千余年来专制教育却形成"以文字章句愚弄天下儒生"的教育积弊，导致读书人在"重文轻武"价值观念的引导下以牺牲健康为代价，形成了死读书本、习于文弱、食人治人的国民依赖性。

此外，游学欧美的经历使蔡元培有机会亲自见证了"西洋学生壮健活泼、生机勃茂的样子"，目睹了国人吸食鸦片、腰躬背屈、女子缠足、精神萎靡的没落景象，两相对比所产生的强烈反差使他痛感"国人体质虚弱和病态的审美情趣与不重视体育，不讲卫生紧密相关"[1]。在蔡元培看来，体育不仅要教会学生掌握运动强身的技能，也要养成健康的行为习惯。他鼓励发展体育，但其前提是要对体育形成正确的认知。他严厉反对任何违背生理规律的体育运动。他指出："不管生理上有无危险，这不要说于身体上有妨害，且成一种机械的作用，便失却体育的价值了。"[2]因此，发展体育首先要树立健康第一的教育理念，这是塑造完全人格的生理前提。

2. 强健的精神是塑造健全人格的内在要求

体育运动的重要性不仅体现在使人筋骨强健，其根本价值在于通过强健的体魄实现人格的自立、自信和自决，而人格的自立、自信、自决恰好是中国人所匮乏的。蔡元培援引赫胥黎"康强之精神，必寓于康强之身体"这句名言来印证"体育虽然是肉身的，但其灵魂是精神的"[3]。那么如何通过体育来塑造人格的内在精神呢？蔡元培认为体育与人的心理状态息息相关。一方面，人的身体和精神蕴含着一种"潜势力"，这种"潜势力"依据物竞天择的进化法则，通过积极的运动和锻炼能够得到激发，使人的体力和精力变得强健旺盛，否则"若有障碍而阻其

① 郑师渠：《辛亥革命后关于国民性问题的探讨》，《天津社会科学》，1988（6），第41页。
② 中国蔡元培研究会编：《蔡元培全集》（第4卷），杭州：浙江教育出版社，1997，第259页。
③ 何叙，律海涛：《梁启超的体育观》，《体育文化导刊》，2005（4），第72页。

发达，则萎缩矣"[1]。另一方面，体育有利于激发进取、拼搏和合作的精神，通过运动发挥人的能动性，实现身体与心理、物质与精神的均衡发展。可见，蔡元培对于体育内在功能的认识无论是在当时还是现在，无疑都是先进而深刻的。因此他号召："青年们！醒来吧！赶快回（恢）复你的'狮子样的体力'！……以健全的体力，去运用思想，创造事业！"[2]

3. 实现个人价值与社会价值的统一

蔡元培强调完全人格体现在个性与群性的平均发达，而个性和群性的统一则是尽人生之"天职"的开始，而尽天职应当以体育为开端。

对个体而言，强健的体魄是维系生命的基础，是"万事之基本"[3]。个人体魄强健，不仅是子女奉养父母以尽孝心所必需，也是为人父母尽义务的前提。没有健康的身体，"服劳奉养，惟力是视，羸弱而不能供职"[4]。

对国家和社会而言，国民必当尽保卫国家的义务，没有健康的身体，又如何能够尽国民的义务呢？而中国近代历史上对于体育重要性的认知正是沿着"新国"必先"新民"，"新民"必先"鼓民力"这样的逆向逻辑开始的，从而推导得出国民体质之强弱直接关系民族存亡的结论。蔡元培强调，"欲实践道德，宣力国家"，成为时代发展所需的新国民，必须从重视体育开始[5]。然而令人惋惜的是，历史上因身体羸弱、力不逮志而英年早衰早逝的大有人在。这不仅是个人和家庭的悲剧，也是社会和国家的损失。

因此，蔡元培极力强调体育教育的重要性和必要性。他认为学生作为今日和未来的国之栋梁，身体羸弱，毫无生气，又如何能担起兴国强国的重任呢？因此，他将增进学生体力作为教育改革的起点。他指出，健康的体魄是健全的思想和事业的基础和前提，这是人们普遍承认的规律，所以重视学生体育教育，是当前推进教育事业发展的重中之重。可见，体育对人的生理与心理、肉体与精神均衡发

---

[1] 中国蔡元培研究会编：《蔡元培全集》（第3卷），杭州：浙江教育出版社，1997，第13页。
[2] 中国蔡元培研究会编：《蔡元培全集》（第6卷），杭州：浙江教育出版社，1997，第561页。
[3] 中国蔡元培研究会编：《蔡元培全集》（第2卷），杭州：浙江教育出版社，1997，第89页。
[4] 中国蔡元培研究会编：《蔡元培全集》（第2卷），杭州：浙江教育出版社，1997，第78页。
[5] 中国蔡元培研究会编：《蔡元培全集》（第2卷），杭州：浙江教育出版社，1997，第78页。

展的重要意义是任何其他教育活动都无法取代的。体育教育在提升学生健康体质与锤炼精神品格方面所发挥的重要功能，正是体育自身的独特价值所在，也是造就完全人格的前提。正是基于此，蔡元培不遗余力发展学校体育，并把提升国民身体素质，培养健全的国民人格作为终生的事业。

（四）美育：培育完全人格的津梁

任何一种教育思想的形成都是历史的、具体的，总是包含着对特定问题的关注。蔡元培美育思想的形成也不例外。晚清以来，中华民族面临着内忧外患的生死考验，开始了艰难的社会救亡与启蒙进程。在这个特定时期，传统的理想人格不再适应现代人的发展要求，而现代的理想人格又尚未形成，因而出现了一个真空地带。以蔡元培为代表的先进知识分子深刻地洞见到，中国如要实现救亡图强就必须要走一条不同于以往的新型启蒙道路，他转而开始"关注国人心理本体重建的感性（审美）启蒙思路"，希望以审美和情感洗涤"物欲""功利"和"宗教"对国人心灵的蒙蔽，使人心变得高尚纯洁，从而达到改造社会的目的[①]。这也是他提倡美育的主要原因。

1. 美育思想的来源

蔡元培的美育思想是在传承中华传统美育思想资源的基础上，批判地吸收、借鉴西方近代美学、美育思想而建立起来的。一方面，中华美育精神源远流长，早在西周时期就有"制礼作乐"之说，六艺教育中"乐"即纯粹的美育。春秋末年孔子提出"兴于诗，立于礼，成于乐"，使美育作为一种独特的人格教育伴随儒学传统绵延数千年。另一方面，西方近代美学、美育理论的传播也为蔡元培美育思想的形成提供了全新的理论视野。在莱比锡大学留学时，蔡元培就经常在课堂上听取美学、美术史、文学史的讲座，在学习和生活环境中又时常接受音乐、美术的熏陶，使他在不知不觉中将大部分精力集中到美学方面。特别是康德有关美的普遍性与超越性的论述以及席勒在《美育书简》中以美育纠正启蒙理性的片

---

① 杜卫主编：《美育学概论》，郑州：河南大学出版社，2013，第5页。

面性，恢复人性的和谐完整的深刻论述，对蔡元培美育思想的形成产生了重要影响。因此，蔡元培美育思想的形成既有鲜明的本土意识和人文价值取向，同时也深受西方美育思想的熏陶与启发，把审美作为通向实现完整人格的桥梁。

尽管中国具有悠久的美育传统，但是美育在中国教育体系中获得独立地位却是二十世纪初的事。美育在延续数千年的传统教育格局中一直从属、附丽于道德教育，直到 1912 年蔡元培出任民国教育总长后首次将美育与德育、智育、体育并列写入国家教育方针，美育在国民教育体系中的独立地位才得以正式确立。这也标志着美育对于促进人的全面发展的独特性得到了认可。

蔡元培作为中国现代美育事业的开创者和奠基人之一，将德文"Asthetische Erziehung"译作"美育"并引入中国。1901 年蔡元培在《哲学总论》中首次提到"美育者教情感之应用是也"[1]。他在《美育与人生》一文中指出，虽然人人都有情感，但并不是每个人都有伟大而高尚的行为，造成这一现象的原因在于"感情推动力的薄弱"，要使"感情推动力"由弱转强、由薄转厚，就要对人的情感进行陶养，其中美的对象是陶养的工具，发挥其陶养作用的过程，就是美育[2]。1930 年，蔡元培为《教育大辞书》撰写的美育词条，将美育定义为"应用美学之理论于教育，以陶养感情为目的者也"[3]。从蔡元培在不同时期对美育的界定可以看出，其最核心的目的就是通过审美来丰富和陶养感情，丰富个体的情感世界，实现人格的完满。因此，美育的感性特征是它与智育、德育、体育等其他教育的本质区别。美育既与德育、智育、体育等教育形式一起参与完全人格的塑造过程，又与其他教育形式有所不同，具有不可替代的审美育人的特殊性。美育独特的育人功能主要体现在以下四个方面：

首先，美育是促进人的情感升华的教育过程。人的情感生命是人之为人的重要方面，是完全人格的重要组成部分。美育对个体人格的教育功能主要表现在促进个体审美情感的升华，使人的心灵得到净化。蔡元培认为，纯粹的美育是用来

① 中国蔡元培研究会编：《蔡元培全集》（第 1 卷），杭州：浙江教育出版社，1997，第 357 页。
② 中国蔡元培研究会编：《蔡元培全集》（第 7 卷），杭州：浙江教育出版社，1997，第 290 页。
③ 中国蔡元培研究会编：《蔡元培全集》（第 6 卷），杭州：浙江教育出版社，1997，第 599 页。

陶养人的情感，通过陶养让人具有高尚纯洁的习惯，使人我之见、损人利己的思想逐渐"消沮"[1]。美育之所以能够陶养人的情感，在于美本身具有普遍而超脱的特性。蔡元培对美的普遍而超脱的特性认知源于康德的影响。康德认为，"美者是无需概念而被表现为一种普遍的愉悦之客体的东西"[2]。蔡元培对此表示认同，他认为美的普遍性表现为审美主体与审美对象之间不存在占有关系，不像一瓢水，一个人喝了其他人就得不到；一个刚刚能放下脚的地方，一个人占了，其他人就没办法再去站立一样。在他看来，纯粹的美具有"天下为公"的普遍性，即"名山大川，人人得而游览；夕阳明月，人人得而赏玩"[3]。因而，美因其普遍性打破了人我之间的成见，不存在非此即彼的利害关系。

美的普遍性又与其具有的超脱性密切相关。康德认为审美就是"通过想象力把表象与主体及其愉快或者不快的情感相联系"，因此"规定着鉴赏判断的那种愉悦是没有任何兴趣的"[4]。依照康德的观点，对于美的鉴赏判断必须是不能掺杂兴趣的，即非功利的，只有非功利的、令人愉快的对象才是美的。蔡元培接受了康德关于美的超越性的观点，认为"美感者，使吾人游心于利害得失之外而无论何等境遇，悉有以自娱者也"[5]。既然"美的作用是超乎利用的范围"，那么纯粹的美不复有人我之差别，甚至能够超越于生死利害的关系[6]。因此，美育作为一种情感教育，依靠美的普遍性和超脱性使人的情感在审美过程中得到陶冶和升华。这种陶冶和升华完全不受知识的局限，而受限于感情的陶养，就是"不源于智育，而源于美育"[7]。这也是美育区别于智育的独特功能。

其次，美育是沟通现象世界与实体世界的"津梁"。美育不仅能够促进情感的升华，还是沟通感性与理性、现象世界与实体世界的桥梁。就审美的形态而言，蔡元培将美分为优美和壮美两种。他认为优美能使人变得和蔼和安静，遇到事情

① 中国蔡元培研究会编：《蔡元培全集》（第3卷），杭州：浙江教育出版社，1997，第60页。
② ［德］康德：《判断力批判》，李秋零译，北京：中国人民大学出版社，2011，第40页。
③ 中国蔡元培研究会编：《蔡元培全集》（第7卷），杭州：浙江教育出版社，1997，第291页。
④ ［德］康德：《判断力批判》，李秋零译，北京：中国人民大学出版社，2011，第33-34页。
⑤ 中国蔡元培研究会编：《蔡元培全集》（第3卷），杭州：浙江教育出版社，1997，第56页。
⑥ 中国蔡元培研究会编：《蔡元培全集》（第7卷），杭州：浙江教育出版社，1997，第291页。
⑦ 中国蔡元培研究会编：《蔡元培全集》（第7卷），杭州：浙江教育出版社，1997，第291页。

都能冷静处理，临危不乱、应付自如；而壮美则不然，它会带给人一种压迫感，比如瞻望高山、观览广洋狂涛，让人感受到压迫，进而产生反抗意识和勇往直前的冲动，培养出大无畏的精神和奋发的情感。在他看来，优美的教育是一种赏心悦目、宁静舒适的自由体验，通过欣赏优美的事物能让人的身心得到放松，具有抚慰灵魂的作用。所谓放松，是指摆脱理性法则对心灵的强制，使人的心灵感到松弛舒畅。因此，优美具有感性、诉诸直觉的特点，直接通过审美感官来唤起美感愉悦。蔡元培认为"法国语调之温雅，罗科科（Rococo）时代建筑与器具之华丽，大卫（David）与英格尔（Ingles）等图画之清秀"等偏向优美的审美文化特质孕育了拉丁民族从容高贵的民族精神，即使在兵临城下的危急时刻，法国人仍然能处变不惊，"决不以目前之小利害动其心"[1]。不同于优美强调感性的直观愉悦，壮美更加侧重于诉诸人的理性，唤起一种大无畏、勇往直前的精神力量，使人的心灵得到激励，精神得到振奋，从而使人的心胸变得更开阔，能够克服感性的阻碍而趋向理性。蔡元培认为日耳曼民族的文化特性则恰好呈现出壮美的精神特质。"面对巨大的、威力无比的、超出主体实际能力的对象，主体却能以伟大的理性精神与之抗争，这种伟大的气概充分体现了人的尊严。"[2]因此，人在现象世界所经历的喜怒哀乐爱憎惊惧等情感，一旦经由审美的调节，无论是优美的感性体验，还是壮美的趋向理性的审美体验，都能够使人脱离一切现象世界的相对感情，成为"浑然之美感"，这就是所谓"与造物为友"，已经触及实体世界的观念[3]。因此，美感作为由现象世界通向实体世界的津梁，能够使人格中的感性因素与理性因素的发展得到调和，从而使人的情感体验得到丰富和升华，追求更加富有意义的人生。

再次，美育是提振创造精神的重要途径。蔡元培把完全人格视为一种个性化人格，需要通过审美不断激发想象力，提升受教育者自觉创造的欲望和动力。在蔡元培看来，人类有占有和创造两种欲望。占有欲体现在物质生活层面，是科学

---

[1] 中国蔡元培研究会编：《蔡元培全集》（第3卷），杭州：浙江教育出版社，1997，第4页。
[2] 杜卫主编：《美育学概论》，郑州：河南大学出版社，2013，第92页。
[3] 中国蔡元培研究会编：《蔡元培全集》（第2卷），杭州：浙江教育出版社，1997，第14页。

要解决的问题；创造欲则是纯然无私的，应归属于美育层面。然而如果人的占有欲压制了创造欲，则容易导致纷争，而美育的价值恰好"重在减少占有的冲动，扩展创造的冲动"①。这是因为"美术一方面有超脱利害的性质；一方面有发展个性的自由"②。纯粹的美感是超脱的，不受现实功利得失的羁绊，因此在根本上又是自由的。浸润在纯粹而自由的美感之中，有助于减少占有的冲动，而扩展创造的冲动。反之，正如聂振斌所指出："如果没有'提起创造精神'这个最高要求，那么审美只能变成一种单纯的享乐，而达不到教育，于人生就没有多大意义。"③因此，美育的功能之一在于培养青少年的创造性人格，提振创造精神，使其不会抱着机械的世界观和人生观陈陈相因，不断发挥想象和创造的潜能，对新事物保持浓厚的兴趣。

最后，美育可以满足个体内在精神世界的需求和发展。美育不同于其他教育形式之处还在于它以自觉的、潜移默化的形式，满足人的精神和情感的需要，促使人在真、善、美方面走向成熟。蔡元培认为人的精神和情感需要的满足不是依靠宗教，而是依靠美育，由此他提出了"以美育代宗教"的论断。

从宗教产生的文化背景来看，蔡元培深刻地认识到，宗教产生的根源归根结底是人的精神作用。人在精神层面的作用通常可以分为三种类型，即知识、意志和感情。初民时代因科学不发达，宗教承担了阐释世间万物的功能，即"知识作用之附丽于宗教"；同时宗教有严格的教义规矩，对待人、利人有着明确的规范，即"意志作用之附丽于宗教"；宗教又以美术诱人信仰，即"情感作用之附丽于宗教"④。然而随着近代科学的进步与社会的发展，近代生理学、心理学、社会学等新兴学科逐渐兴起，逐步建构起新的社会伦理道德秩序，证明"宗教的演绎全不适用"，推动知识和意志逐渐脱离宗教的束缚而走向独立，唯独剩下了情感慰

---

① 中国蔡元培研究会编：《蔡元培全集》（第4卷），杭州：浙江教育出版社，1997，第341页。
② 中国蔡元培研究会编：《蔡元培全集》（第4卷），杭州：浙江教育出版社，1997，第341页。
③ 中国社会科学院哲学研究所美学研究室，上海文艺出版社文艺理论编辑室合编：《美学》第3期，上海：上海文艺出版社，1981，第69页。
④ 中国蔡元培研究会编：《蔡元培全集》（第3卷），杭州：浙江教育出版社，1997，第58页。

藉的作用①。而宗教仅存的情感功能在经过文艺复兴的洗礼后也逐渐失去了价值。特别是艺术从宗教化走向世俗化，开始更加贴近人的生活后，宗教的狭隘性和排他性更加凸显。蔡元培认为宗教从某种意义上讲只剩下"刺激"感情、"蒙蔽"心灵的作用，因而宗教以前所发挥的对个人情感和精神的慰藉作用完全可以由美育来承担，即"以美育代宗教"②。美育具有价值定向的功能，促使人确立美的价值尺度，展开对审美理想的自由追求，帮助主体更好地理解人类和自身，引导主体按照美的规律，为心灵成长和精神发展提供一种内在的精神营养和文化价值。可见，真正能满足个体的内在精神性追求，造就一种健全、完美的人格的不是宗教，而是美育。蔡元培"以美育代宗教"的论断无论是在民初还是在当代都具有进步意义。

蔡元培作为中国现代美育的开拓者和奠基人，积极借鉴中国礼乐传统与西方现代美学理论，将有关"育人的思考推向人之心理、情感、精神等内在层面"③。而美育作为培育健全人格的一个重要维度，为推动近代个体启蒙提供了思想文化动力。从根本上讲，美育的独特功能是由美普遍而超越的本质特征所决定的。这也使得美育区别于以知识传授为主的智育，也不同于强调道德规范的德育，而是一种自觉的、潜移默化的情感教育。它关注人的完整性，通过对人的整体的生活态度和人生观的培养，最终造就一种健全的人格。此外，美育在塑造个性化人格和审美人格、促成个体情感生命成长的同时，也推动了社会发展和文化进步。

三、完全人格教育各要素之间的耦合关系

蔡元培将完全人格教育分为德、智、体、美四育，四育虽然各司其职，但并不是孤立的四个部分，而是构成了一个彼此关联、相互支撑的有机整体。蔡元培

---

① 姚文放：《蔡元培"以美育代宗教"说对于康德的接受与改造》，《社会科学辑刊》，2013（1），第168页。
② 中国蔡元培研究会编：《蔡元培全集》（第3卷），杭州：浙江教育出版社，1997，第60页。
③ 李雷：《美育立人与美术革新——从美育看现代中国"美术革命"的发生》，《美术研究》，2019（4），第52页。

将各育之间的关系生动地比作人的身体："军国民主义者，筋骨也，用以自卫；实利主义者，胃肠也，用以营养；公民道德者，呼吸机循环机也，周贯全体；美育者，神经系也。"①可见，任何一育都不能脱离人这个整体而单独存在。各育作为维系人生存和成长的重要组成部分，如同一体之四面，统一于培育完全人格这一教育目标。因此，只有以融合互育的思路来理解四育之间的关联，才能更加准确地把握教育与人之间的关系；只有真正找出各育之间的契合点，而不是做形式上的拼合叠加，才能真正实现四育融合贯通，使教育真正成为"成人"的事业。

（一）德育如何与智育、体育、美育相辅相成？

虽然蔡元培将德育视为"教育之中坚"，强调德育在现代教育中居于价值引领的核心地位，但是他并没有把德育与体、智、美各育对立起来，而是强调德育与其他各育相辅相成，相互融通，通过德育与各育的融合，来塑造具有完整人格的现代国民。

1. 以德启智

德育是塑造人的灵魂的教育，其最核心的功能在于帮助受教育者确立正确的世界观、人生观和价值观。近代以来，教育界对于德育与智育之间辩证关系的认识反映出对于人才培养规律认识的深化。蔡元培认为德育是培育完全人格的根本，一个人若没有良好的道德品质，即便体魄强健、智力发达，反而容易助其为恶，有害而无益。在他看来，人区别于动物不仅仅在于人的智力高于动物，而且因为人拥有"德性"，正是"德性"的观照才彰显出智慧的价值和力量。他指出："科学家所发明，固然有利人的，然也有杀人的。"②可见，智育的发展离不开道德的价值引领，需要以德性之善来启迪智慧之真。否则，一个没有道德约束的科学家与一个无知的恶棍毫无区别，同样可能为祸一方。离开德育涵养的智育必将失去其价值和意义。因此，蔡元培在治理北大期间首先要求师生砥砺德行，做到修学与修德并进，避免片面强调德育或智育。

---

① 中国蔡元培研究会编：《蔡元培全集》（第 2 卷），杭州：浙江教育出版社，1997，第 15 页。
② 中国蔡元培研究会编：《蔡元培全集》（第 6 卷），杭州：浙江教育出版社，1997，第 137 页。

2. 以德健体

以德健体是塑造完全人格的本质要求。就体育作为身体教育而言，体育活动最直接的目的就是使人的身体变得强健，特别是近代以来，积贫积弱的中国被外国列强讥讽为"病夫"所带来的耻辱更加凸显了"鼓民力"的重要性。蔡元培在强调强壮国民身体素质的同时，也认识到体育教育的发展不能脱离德育的涵养。在他看来，很多动物的体力如牛、马等远远胜于人，但是因为动物不具有德性，动物的体力再发达也不过是动物的本能，而不能成为一种自觉的生命活动。人则不同，人的体力发展不仅是一种生理的发展，也与德性的发展密切相关。蔡元培生动地把人的体力比作"精兵"，他认为精兵固然重要，"然使不率之以德性，则犹有精兵而不以良将将之"，可以看出这个"良将"就是德育①。这就意味着只有在德育的引领下，体育才能更好地发挥其价值和功能，才能使人的生命活动更加完整，能够有意识地支配和调节自己的身体。否则，虽有"刚强之体力"，也只会"适以资横暴"②。蔡元培认为德育的涵养能够帮助人克服恃强凌弱的动物性，克服体育竞技中所产生的虚荣心和嫉妒心，让体育能够真正发挥促进身心和谐的价值，使人的生命活动趋于完整。

3. 以德立美

中华民族具有悠久的礼乐相济的文教传统，历来重视追求善与美的一致性。孔子提出"兴于诗，立于礼，成于乐"，无论是礼还是乐都以构建完满的人性为理想目标。"礼"体现为他律和自律，而"乐"本身是自由的美好状态，因此由礼及乐的过程本身就是以德立美的过程。正是因为有了德育因素的参与，才使得美的充分展现成为可能，最终实现由他律和自律通向自由自觉的过程。原始儒家认为"内圣外王"是君子完满人格的最终体现，这种理想的状态需要经由道德修养来逐渐实现，因而道德体验与道德实践本身必须具有完善和美好的形象。蔡元培曾指出："世界圣贤亦无不以止于至善为人类归宿……感情之平激与善之实行

---

① 中国蔡元培研究会编：《蔡元培全集》（第2卷），杭州：浙江教育出版社，1997，第93页。
② 中国蔡元培研究会编：《蔡元培全集》（第2卷），杭州：浙江教育出版社，1997，第93页。

有关。"①可见，追求至善的道德实践与立美求美的审美体验是统一的，这也是德育对于美育的辅助作用的体现。

（二）智育如何与德育、体育、美育相互促进？

西方近代智育最突出的特点体现为追求实用的知识价值观，这一特点恰好迎合了近代中国救亡图存的时代主题以及经世致用的文化传统，这也使得时人对于智育的理解被窄化为唯知识和唯理性的教育。然而在蔡元培看来，智育作为"人事之基本"，不仅仅关涉人的理性，同时还与人的非理性因素密切相关。特别是"近世人文大开，风气日新，无论何等事业，其有待于知识也益殷"，使得智育与其他各育之间的联系变得更为紧密②。因此智育既要传授关于"自然之真知""善恶之真知"和"美丑之真知"，塑造人的知识和能力结构以及思维模式，同时也要激发与求知相关的如兴趣、欲望、情感等非理性因素，使人格的发展保持理性和感性的平衡③。

1. 以智明德

近代以来，智育在科学主义的护佑下一路狂飙，形成了为知识而知识的教育观，使得智育所蕴含的道德教育功能被边缘化，甚至将智育与德育对立起来。蔡元培则坚决反对将智育与德育割裂的观点。他指出："知识与道德，有至密之关系。……苟无知识以辨善恶，则何以知恶之不当为，而善之当行乎？"④蔡元培认为智育是道德认知的前提，一个人只有具备了广泛而渊博的知识，才能分辨什么是善，什么是恶。只有掌握了分辨善、恶的知识，才能为价值判断和道德实践提供依据，也才能最终将"尚义之志"化为行动。

在蔡元培看来，"知识所以高尚吾人之品格也，知识深远，则言行自然温雅

---

① 中国蔡元培研究会编：《蔡元培全集》（第6卷），杭州：浙江教育出版社，1997，第139页。
② 中国蔡元培研究会编：《蔡元培全集》（第2卷），杭州：浙江教育出版社，1997，第90页。
③ 庞学光：《培养真善美统一的完满人格——教育的终极目标论纲》，《教育理论与实践》，1998（4），第10页。
④ 中国蔡元培研究会编：《蔡元培全集》（第2卷），杭州：浙江教育出版社，1997，第90页。

而动人歆慕。"① 可见，德育为智育提供了价值引领，智育为德育提供了理智认知的依据。因此，完全人格的培育既不能就智育而谈智育，也不能就德育而谈德育，前者会将智育的内涵狭隘化，后者则会使德育流于空泛，缺少必要的知识支撑。因此必须将二者有效融合贯通起来，通过智育的发展为个体道德认知奠定理智基础，才能形成正确的价值判断，将道德规范落实到道德实践中，实现知、情、意、行的统一。

2. 以智健体

体育以增强学生体质，改善健康状况，塑造健康体魄为核心功能。若要实现这个功能，首先要掌握有关人的身体结构、卫生健康以及运动技能的相关知识。这就需要智育为其提供科学知识和系统的思维方法。只有掌握关于人体和健康的知识，使体育运动符合人的生理规律，才能科学地开展体育锻炼，不会危害人的身心健康。因此，蔡元培坚持"体育者，循生理上自然发达之趋势，而以有规则之人工补助之，使不致有所偏倚"②。由此可见，智育与体育之间共生共荣，不可分离。

3. 以智育美

蔡元培认为尽管近代智育以求真为尺度，重在把握事物的客观规律以及对科学体系的认知，但是无论是自然科学还是人文社会科学，"无不于智育作用中，含有美育之原素"③。如几何学中的各种图案、物理和化学的光色变化、矿物的结晶现象、植物的花叶、动物形体的进化等等无不于科学之中蕴含着美学元素。因而蔡元培将科学和美术比作现代教育之两翼。从科学对于美术的辅助作用来看，智育为美育的开展提供了必要的知识养料和科学的思维方法。尽管审美是一种主观情感的反映，但是主观情感的生成与发展离不开知识的滋养。尽管古今共赏一轮明月，但是由于人的知识结构和思维方式已经大为不同，赏月所带来的审美感受也不尽相同。因此，美育的发展离不开科学的助力，只有智育与美育融合才能

① 中国蔡元培研究会编：《蔡元培全集》（第 2 卷），杭州：浙江教育出版社，1997，第 90 页。
② 中国蔡元培研究会编：《蔡元培全集》（第 2 卷），杭州：浙江教育出版社，1997，第 376 页。
③ 中国蔡元培研究会编：《蔡元培全集》（第 6 卷），杭州：浙江教育出版社，1997，第 601 页。

更有利于实现真与美的统一，启迪智慧、丰富情感，促进心智的均衡发展。

（三）体育如何与德育、智育、美育相得益彰？

蔡元培认为学生至少要具备"狮子样的体力""猴子样的敏捷"和"骆驼样的精神"三个条件，才能称得上是现代学生①。这三个条件无一不与体育有直接或间接的关联。换言之，体育无论是对于增进体力、促进脑力的灵活性还是磨炼意志品格都极为重要。可见，体育作为现代教育的重要组成部分，是促进人格健全发展一个重要维度。蔡元培强调"健全的精神，必宿在健全的身体"②。如果从身心两个方面来理解人的成长和发展的话，体育作为关于身体的教育，既要关注身体的强健，也要注重培养学生健康的心理素质，而后者常常为世人所忽视。因此，体育既有独特的育人价值和功能，为人格的健全发展提供了生理基础，同时也与德、智、美各育相互支撑，共同促进人的内在精神世界的成长。

1. 以体养德

蔡元培格外关注体育对于道德品格的涵养，他认为体育与人格教育具有天然的联系。体育不只能改善学生健康，增强体质，还有助于锤炼意志品格，涵养体育道德和体育精神。如球类运动不但能加强学生间的交往，增进团队合作意识，而且可以养成"宁正直而败，毋诡诈而胜"的公德心③。在蔡元培看来体育竞技的胜负本身并不重要，关键是让学生学会自觉遵守比赛规则，培养机智、勇敢、坚毅的体育品格，发扬为集体荣誉而拼搏的体育精神，即使输了也不怨天尤人，而是反求诸己，把集体荣誉放在首位。蔡元培治理北京大学期间，在经费极为紧张的情况下先后建立了台球室、乒乓球室、游艺室、体操场、游泳池等运动场地，扩充运动设备，鼓励学生积极参加体育锻炼，就是希望学生的生理与心理、身体与精神都能协调发展，培养顽强拼搏和勇敢坚毅的品格。

在蔡元培看来，以体养德不仅关系国民素质结构的健全发展，更关乎民族复

---

① 中国蔡元培研究会编：《蔡元培全集》（第6卷），杭州：浙江教育出版社，1997，第559-563页。
② 中国蔡元培研究会编：《蔡元培全集》（第4卷），杭州：浙江教育出版社，1997，第600页。
③ 中国蔡元培研究会编：《蔡元培全集》（第4卷），杭州：浙江教育出版社，1997，第600页。

兴大业能否实现。他指出："一切道德，殆皆非羸弱之人所能实行者。苟欲实践道德，宣力国家，以尽人生之天职，其必自体育始矣。"[1]面对日益加剧的民族危机，蔡元培呼吁国人以体成德，为国家培育良好的国民，唤醒民众的爱国心，担负起国家解放和民族复兴的时代重任。因而，体育不仅事关个人私德的养成，也关系国民公德的涵养，甚至关乎国之大德的塑造。这也是蔡元培强调通过体育来培养完全人格所必备的道德意志和道德品格的原因所在。

2. 以体益智

体育与智育的发展密切相关。蔡元培指出："体育与智育之关系，尤为密切。……未有学焉而不能知，习焉而不能熟者。其能否成立，视体魄如何耳。"[2]智育的发展始于知识的传递，但是知识传递本身并不是智育的真正目的，而是为学生智识的发展提供养料，其真正的任务在于掌握知识，并能运用知识，使知识转化为智慧和能力。把知识转化为智慧和能力则是一种高强度的脑力活动，需要旺盛的精力和充沛的体力作为保障。积极参与体育锻炼可以使高度紧张的大脑得到适度的松弛，有利于提高思维的灵敏性，从而提高学习效率。蔡元培作为从旧式教育中成功走出的精英知识分子，对于旧式教育重德、智而抑体育的弊端深有体会，不禁为历史上那些智力过人但不重视锻炼身体、英年早逝的才杰们感到惋惜。因此他坚决反对把体育与智育对立起来，反复强调体育与智育之间互利互补的辩证关系。

3. 以体塑美

体育不仅是关于运动知识和运动技能的教育，也是关于审美的教育。蔡元培认为西周礼、乐、射、御、书、数六艺教育中多含有美育的含义，其中"射御在技术之熟练，而亦尚态度之娴雅"，是以体塑美的重要体现[3]。而在西方教育中同样存在以体塑美的传统，"如希腊雅典之教育，以音乐与体操并重……体操者，一方以健康为目的，一方实以使身体为美的形式之发展；希腊雕像，所以成空前

---

[1] 中国蔡元培研究会编：《蔡元培全集》（第 2 卷），杭州：浙江教育出版社，1997，第 78 页。
[2] 中国蔡元培研究会编：《蔡元培全集》（第 2 卷），杭州：浙江教育出版社，1997，第 78 页。
[3] 中国蔡元培研究会编：《蔡元培全集》（第 6 卷），杭州：浙江教育出版社，1997，第 559 页。

绝后之美，即由于此"①。可见，尽管美育的概念出现于近代，但无论中西文化史中都存在以体塑美的传统，由此也证明了体育与美育的相通性。可以说，体育内在地遵循着美的原则，蕴含着美的精神，如体操所呈现的形体之美、武术所表现的刚健之美、舞蹈所蕴含的节奏之美、水上运动所展现的韵律之美等等，可见体育对审美的涵养不容忽视。质言之，体育是成就健康美、形态美、动作美、风度美的教育。

（四）美育如何与德育、智育、体育同向同行？

美育作为以情感为中心的综合教育，为受教育者各种能力的充分、协调发展奠定了基础。美育具有极强的人文性和调和性，与德育、智育、体育各育之间相互渗透，帮助受教育者在获得物质满足的同时，也关注精神世界的充实；在追求知识技能的过程中也重视情感世界的丰富；在寻求个体需要的同时，也关心社会和集体的需求。美育与其他各育之间相互联系、相互启示的特性，有利于促进主体与客体、理想与现实的统一，为培育完整的人格提供了可能。

1. 以美立德

蔡元培指出："纯粹之美育，所以陶养吾人之感情，使有高尚纯洁之习惯，而使人我之见、利己损人之思 [私] 念，以渐消沮者也。"②正是借助于审美所激发的普遍而高尚的情感，审美主体获得一种自由、非功利的情感，这种情感天然地"合乎道德倾向"，在潜移默化中通过心灵的化育提升道德素养，发挥德育的作用③。以美立德具有得天独厚的优势，它既不是道德的强制灌输，也不是空泛的说教，而是以直接诉诸心灵的方式"使人生美化，使人的性灵寄托于美"，从而产生情感与道德的共鸣，实现美与善的统一④。因此，在人生观形成和理想教育方面，美育与德育同向同行，美育的实施更有助于培养道德自觉性，将他律转化为

---

① 中国蔡元培研究会编：《蔡元培全集》（第6卷），杭州：浙江教育出版社，1997，第559页。
② 中国蔡元培研究会编：《蔡元培全集》（第3卷），杭州：浙江教育出版社，1997，第60页。
③ 李咏吟：《审美与道德的本源》，上海：上海人民出版社，2006，第264页。
④ 中国蔡元培研究会编：《蔡元培全集》（第4卷），杭州：浙江教育出版社，1997，第336页。

自律。美育与德育的内在统一性，对于如何把道德的灌输转化成理性的自觉，增强德育实效性，引导学生塑造完全人格、修身养性、净化心灵具有积极意义。这也是蔡元培将美育视为治愈"专己性之良药"的原因所在①。

2. 以美益智

智育重视发展人的理性，在帮助学生掌握科学文化知识的同时，促进智力结构和逻辑思维能力的提升。然而，伴随近代唯智主义高扬，工具理性逐渐取代科学理性占据了文化和教育的主导地位，导致人的情感被抑制，理性压倒感性，造成了人性的分裂。那么如何来治愈人性分裂给人带来的痛苦呢？蔡元培认为"欲求[救]斯弊，厥惟美术"②。"美术，如唱歌、手工、图画等是。不仅此也，其他如文字上之有趣味，足以生美感者，亦皆是。注意美术，足以生美感，既生美感，自不致苦脑力。"③可见，智育的发展除了与学习者本身的智力因素有关以外，还与情感、想象力等非智力因素密切相关。而美育恰好能够有效地承担起促进非智力因素发展，协调认知能力和审美能力的功能。为此，蔡元培强调在开展智育教学的过程中要引入美的形象性和趣味性，使学生在激活情感的同时，能激发好奇心和求知欲，可以有效地调动学习者的想象力，并转化为创造力。因此，无论是发展智育，还是从人格的健全发展来说，美育与智育的结合都是必不可少的。

3. 以美健体

在《论教育之宗旨》一文中，王国维把德智美三育归为"心的教育"，把体育归为"身的教育"。这种分类方法看似涵盖了身心的教育，实则将身与心割裂起来。体育与美育作为有关生命活动的教育，二者都需要受教育者全身心投入其中。身心全面协调发展是体育与美育结合的基础和前提。在体育活动中，身体的运动有利于促进心理的发展；在美育活动中，情感活动也有利于人的心理和生理的发展。正是美育和体育在实现身心结合上所具有的本质联系，决定了以美健体可以克服单纯身体锻炼的片面倾向，实现身心的协调发展。美育能够激活人的情

---

① 中国蔡元培研究会编：《蔡元培全集》（第2卷），杭州：浙江教育出版社，1997，第340页。
② 中国蔡元培研究会编：《蔡元培全集》（第2卷），杭州：浙江教育出版社，1997，第478页。
③ 中国蔡元培研究会编：《蔡元培全集》（第2卷），杭州：浙江教育出版社，1997，第478页。

感和活力，让人的身心发展获得平衡和自由，这种良好的心理素质和状态本身也是体育教育所需要的，让学生在情绪的释放和表达过程中感受运动的快乐和活力。此外，从美育的视角能够更加深刻地诠释体育的精神之美。蔡元培认为"美感之超脱而普遍，则专己性之良药也"①。在体育运动中，特别是体育竞技中难免因为争胜负而对人的生理和心理产生伤害。因此在体育中融入审美元素和审美体验，引导学生树立正确的健康观、审美观、价值观，从而实现力与美、身与心的健康、协调发展，有助于孕育一种积极向上的社会精神风貌。此外，以美健体有助于学生学会在竞争与合作中正确处理个体与个体、个体与群体之间的关系，"让体育从生物性走向社会性"，"从社会性走向精神性"②。

综上所述，德、智、体、美各育之间并不是彼此孤立的四种教育形式，而是"本质上具有统合性，内容上具有融合性，在功能上具有渗透性，在情感上具有相通性，在行为上具有同一性"，以彼此融合、渗透的方式统一于培养完全人格这一教育目标之中，成为观照人的成长和发展的现实途径③。换言之，塑造完全人格是蔡元培推进德、智、体、美四育融合的逻辑起点。蔡元培之所以强调四育融合互育，乃是着眼于四育之间彼此相互交织、相互渗透、相互促进的关联性，试图以整体的、和谐的教育来推动人格的健全发展，重新确立了人在教育中的核心地位。他将德、智、体、美四育视同于人体的各个组成部分，正是各育独具特色而又相互融合的特点才构成了完整的教育，也只有完整的教育才能塑造出完整的人。因此，不能以割裂的眼光来看待蔡元培所提倡的德、智、体、美四要素，否则会消解教育的整体性，使人成为片面发展的人。蔡元培试图以四育融合互育的方式推动教育回归育人成人的本真，无论是在当时还是在现在，都具有深远的启示意义。

---

① 中国蔡元培研究会编：《蔡元培全集》（第2卷），杭州：浙江教育出版社，1997，第340页。
② 付晓秋：《以美育人、五育并举的一体化育人模式》，北京：清华大学出版社，2022，第91页。
③ 付晓秋：《以美育人、五育并举的一体化育人模式》，北京：清华大学出版社，2022，第66页。

小结

伴随近代民族危机的日益加剧，有识之士逐渐认识到国运衰颓在于人才不济，而人才不济则源于教育不振。因此，发展教育以实现民族自强成为近代以来启蒙思想家们的普遍共识。然而在近代功利主义思潮一浪高过一浪，救亡图强成为压倒一切的首要任务的背景下，教育往往被视为实现富国强民的手段，成为政治附庸和经济工具，从而忽视了教育的本质乃在于培养完整的"人"。蔡元培在对近代各种救国主张进行反思的同时，深刻地认识到人的片面发展是制约中国实现救亡图强的最大阻碍。他认识到只有用新教育来塑造出具有全新的价值观念、知识结构、思维方式、伦理道德和审美素养的新人，才能建造新国家、新社会。可以说，蔡元培完全人格教育思想就是围绕着这一目标而展开的。

首先，通过对蔡元培完全人格教育思想的梳理归纳，提炼出"完全人格"的三重意涵，即身心和谐、知情意的统一、个性与群性的调和。蔡元培完全人格教育思想的核心观点则在于通过完整的教育促成人性的完善，实现生理与心理、感性与理性、个性与社会性等多重关系的整合。蔡元培在融合中西教育思想的基础上，把西方有关"完人"教育的理论学说转化成了中国特定的话语方式，提出了完全人格教育思想，在当时具有很强的现实性和针对性，既是对此前专制教育无视人的健全发展，导致人的单一性、片面性的批判，也是对近代以来倡导科学万能的理性人格的超越，具有很强的启蒙性和震撼力。

其次，在明确完全人格的基本内涵之后，本书进而对培育完全人格所必需的四种教育要素，即德育、智育、体育和美育进行梳理，分析得出完全人格教育目标的实现离不开德、智、体、美等方面的素质和能力的全面发展。然而值得注意的是，蔡元培所强调的德、智、体、美四种教育全面发展并不等于德、智、体、美的均衡发展。均衡发展的结果往往是扼杀了人的个性特长，导致平庸化和类同化。所谓完全人格教育意在促成人的整体性发展，而非把所有人都塑造成为千人一面。

那么如何使人格在获得全面发展的同时能保持其独特的个性呢？蔡元培着眼

于从四育之间的耦合关系来探讨如何实现个性的丰富和完善。他认为德、智、体、美四育之间并不是彼此独立，而是相互交织、相互促进，即通过四育融合互育来实现完全人格的个性化、自主化的发展。正是各育各具特色而又相互融合的特点才构成完整的教育，也只有完整的教育才能塑造出完整的人。因此，本书得出的一个观点就是要以整体的、和谐的教育来推动人格的健全发展，重新确立人在教育中的核心地位。

综上所述，蔡元培将教育视为成就人格之事业，不仅就教育的本质问题与旧式教育划清了界线，使教育真正回归"成人"的教育初心，也为中国近代百年教育的发展描绘出一幅宏伟的蓝图。他直面近代以来中华民族救亡图强的现实关切，以完全人格教育理念来弥补严复、梁启超提倡的"教育救国"理念的不足之处，实现救国强国与育人成才并存。同时也不忘从本体意义出发来思考如何培养现代意义上的完整人格，让教育真正回归"成人"的原点。蔡元培先生对于完全人格的追寻折射出其中所蕴含的深刻人文内涵和时代精神，同时彰显出其思想的深刻性和创新性。

第三章

教育与中国的现代化

——蔡元培完全人格教育思想的社会实践

蔡元培在近代中国教育史上的重要性不仅在于他有新的教育理念，而且在于他有基于其教育理念的教育实践。所以，在分析完全人格教育思想核心内容的基础上，本书将着重讨论蔡元培如何将完全人格教育思想贯彻于推动中国的现代化的实践活动。本章将从学制建设、课程改革和北大办学实践三个层面来讨论蔡元培如何践行完全人格教育，从而进一步揭示他为推动教育与中国的现代化做出的开创性贡献。

一、蔡元培与民初学制建设

在民初新旧政体更迭、新旧思想文化博弈的社会大转型时期，蔡元培以民国首任教育总长的身份组织确立民国教育方针、厘定新学制，将培育完全人格的教育理想和制度保障结合在一起，使得他对于理想人格的建构和追求在制度层面得以具体呈现，同时又在学制实施过程中对完全人格教育思想不断进行检验、补充、完善和深化，在中国近代教育史上产生了除旧布新、继往开来的重要意义。

（一）确立现代教育方针：发展健全人格

所谓教育方针，是指一个国家或政党发展教育事业的根本指导思想。从宏观意义讲，教育方针的提出是国家意志的反映，是对不同时期统治阶级的经济利益、政治要求和文化传统的呈现。因而教育方针总是历史的、具体的，不同时代、不同性质的国家政权所提出的教育方针总是不同的。

1911 年 10 月，辛亥革命的胜利摧毁了历代王朝的更迭机制，结束了维系两千多年的封建专制统治。政体的划时代巨变也意味着清末新政颁布的以"忠君、尊孔"为核心的教育宗旨已经不能适应时代发展的新需要。1912 年 1 月 1 日中华民国临时政府成立后，为了尽快适应政体转变，培养民国所需的新式人才，亟须为新教育的发展确立根本指导思想，而领导制定国家教育方针的重任则落到了蔡元培肩上。1912 年 1 月 4 日，蔡元培临危受命出任民国首任教育总长，这为他施展完全人格教育理念提供了历史机遇。

1. 民国元年教育方针的制定及实施

1912 年 2 月，蔡元培在《对于新教育之意见》一文中提出以"军国民教育""实利教育""公民道德教育""世界观教育""美感教育"五育并举作为民国教育方针。他在汲取清末教育宗旨合理成分的基础上，加入了美感教育和世界观教育，使新教育聚焦于培养现代的、审美的、本体意义上的人，同时将批判的矛头直指过分高扬群体主义、工具主义而忽视健全人格培养的旧式专制教育。可以说，"五育并举"方针的提出，凸显了蔡元培对于教育何以成人这一根本问题的深刻思考，对民初教育宗旨的确立具有重要的指导价值。

1912 年 7 月 10 日，教育部组织全国教育专家在北京召开全国临时教育会议，其中重要议程之一就是确立民国教育方针。蔡元培代表教育部提交的"五育并举"教育方针提案在会上引发了强烈反响。据《临时教育会议日记》记载，教育部提请会议审议的教育宗旨原案为"注重道德教育，以实利及武勇两主义济之；又以世界观及美育养成高尚之风，以完成国民之道德"[1]。与会议员中有人认为"世界观为宗教的，哲学的，不应加入普通教则内"，也有议员认为"我国民于世界观念素来缺乏，不应将此层废弃"[2]。但现实中能够从如此高远的视野来理解世界观教育的人寥寥可数。7 月 19 日，到会参加投票的五十四名议员中仅有二十五人赞成将世界观教育纳入国家教育方针，可见世界观教育在当时教育界尚未获得普遍的认同。据《严修日记》记载，严修曾专门为教育宗旨一事访问时任临时教育会议副议长的张伯苓，他在日记中这样写道："初蔡总长拟教育宗旨五项：一、道德主义，二、军国民主义，三、实利主义，四、世界观，五、美感。"[3]据其日记记载，教育会会议计划将世界观、美感两条取消，严修曾专门为此事劝张伯苓据理力争。最后，教育部公布的教育宗旨为"注重道德教育，以实利主义、军国民教育辅之，更以美感教育完成其道德"[4]。由此可见，除世界观教育外，蔡元培提

① 舒新城：《近代中国教育史料》（三），上海：上海科学技术文献出版社，2015，第 222 页。
② 舒新城：《近代中国教育史料》（三），上海：上海科学技术文献出版社，2015，第 223 页。
③ 严修自订，高凌雯补，严仁曾增编：《严修年谱》，济南：齐鲁书社，1990，第 279 页。
④ 宋恩荣，章咸编：《中华民国教育法规选编》（修订版），南京：江苏教育出版社，2005，第 1 页。

出的四项教育主张均被教育会议采纳。

1912 年 7 月通过的民国初年的现代教育方针既包括了对清末"忠君、尊孔、尚公、尚武、尚实"宗旨的批判与扬弃，也包含了对其积极因素的继承和发展。其中，实利教育与军国民教育是对清末教育宗旨中"尚实""尚武"的汲取与创新，同时紧密结合当时社会发展需要，赋予其重视自然科学知识、发展资本主义经济、保家卫国、抑制军阀割据的时代精神。新教育方针猛烈地撼动了两千多年来神圣不可侵犯的君权和儒家学说的独尊地位，使传统的封建教育受到前所未有的震撼，凸显出民主共和思想在中国的蓬勃发展，同时也展现了蔡元培对培养以德育为"中坚"、德智体美全面发展的新式国民的美好追求[1]。可见，新教育方针的颁行推动中国的现代化历程向前迈出了重要一步，开始明确了现代化问题的核心在于培养现代意义上的完整的人。其他所有的教育观念、教育内容、教育方法的革新和实施都是由此而衍生的。故而，完全人格教育思想在现代教育方针中的确立是中国人在教育文化领域的一次重大解放，产生了划时代的重要意义。

蔡元培民初主持制定的现代教育方针作为中国教育现代化的总体指导思想，在各级各类学校中得到贯彻和实施。如小学校以"留意儿童身心之发育，培养国民道德之基础，并授以生活所必需之知识技能为宗旨"[2]，中学校"以完足普通教育，造成健全国民为宗旨"[3]，大学以"教授高深学术，养成硕学闳材，应国家需要为宗旨"[4]，专门学校以"教授高等学术、养成专门人才为宗旨"[5]。师范学校以"造就小学校教员为目的"[6]，实业学校以"教授农工商业必需之知识技能为目的"[7]。由此可以看出，民初制定的以培育完全人格为宗旨的教育方针已经融入从小学、中学到大学，从普通教育、专门教育到职业教育的国民教育体系之中，成为培养健全国民的教育指导方针。此后的实践也证明，为了培养德、智、体、美

① 李华兴主编：《民国教育史》，上海：上海教育出版社，1997，第 450 页。
② 陈学恂主编：《中国近代教育史教学参考资料》（中），北京：人民教育出版社，1987，第 187 页。
③ 陈学恂主编：《中国近代教育史教学参考资料》（中），北京：人民教育出版社，1987，第 194 页。
④ 陈学恂主编：《中国近代教育史教学参考资料》（中），北京：人民教育出版社，1987，第 198 页。
⑤ 陈学恂主编：《中国近代教育史教学参考资料》（中），北京：人民教育出版社，1987，第 197 页。
⑥ 陈学恂主编：《中国近代教育史教学参考资料》（中），北京：人民教育出版社，1987，第 195 页。
⑦ 陈学恂主编：《中国近代教育史教学参考资料》（中），北京：人民教育出版社，1987，第 200 页。

全面发展的时代新人，蔡元培倾注了一生心血。

新教育方针的颁行标志着以蔡元培为代表的文化先觉者们对于"培养什么人"这一教育的本质问题的认识已经与旧教育划清了界限，成为中国教育现代化的新起点。尽管辛亥革命的果实很快就被袁世凯等复辟逆流所篡夺，出现了短暂的历史倒退，但是民初制定的"顺应时势，养成共和国民健全之人格"的教育方针已经深入人心①。它所体现出来的对完整人格和人性的关注、对科学的重视以及个性解放的追求，推动了中国人思想世界的更新和解放。可以看出，虽然此时尚未形成新文化运动那样波澜壮阔的文化革新风潮，但自辛亥革命开始，尤其是从民国初年的教育改革开始，对专制主义教育的全面批判和对西方教育理论学说的宣传介绍就已然开始了。

2. 教育方针的调适与深化

1915年至1922年正值欧洲主要资本主义国家因战争而无暇顾及中国的时期，中国的民族工业获得了千载难逢的发展机遇。与此同时，五四新文化运动期间所掀起的对专制思想的批判，以及林林总总的社会思潮，如实用主义、自由主义、文化激进主义、无政府主义、社会主义、马克思主义等涌入中国，交叠消长，构成了一幅空前绝后的独特文化景观，在中国思想文化界产生了强烈的冲击和碰撞，引发了中国知识分子对于培养文化自觉的现代中国人的觉悟。

此时，民元时期制定的教育宗旨显然已经与一战后的新形势不相适宜。1918年由蔡元培、蒋梦麟、范源濂、陈宝泉、蒋维乔等教育界专家组成的教育调查会，对如何修订教育宗旨展开了调研。1919年4月，沈恩孚、蒋梦麟代表调查会向大会提交《教育宗旨研究案》，认为民元时期制订的教育宗旨已经与一战后的新教育形势不适宜，建议以"养成健全人格，发展共和精神"作为新教育宗旨。提案对新教育宗旨做出了详细说明：所谓健全人格，就是将"私德为立身之本""公德为服务社会国家之本"，具备必要的"知识技能"，强健活泼的体格，"优美和乐之感情"四项内容②。共和精神则包括"发挥平民主义，俾人人知民治为立国

① 中国蔡元培研究会编：《蔡元培全集》（第2卷），杭州：浙江教育出版社，1997，第64页。
② 朱有瓛主编：《中国近代学制史料》（第3辑上），上海：华东师范大学出版社，1990，第107页。

之根本；养成公民自治习惯，俾人人能负国家社会之责任"①。1919年10月全国教育会联合会召开会议，建议将"养成健全人格，发展共和精神"作为全国教育宗旨。尽管教育部最终并未采纳这个建议，但是新教育宗旨的改革提案已经反映出新文化运动时期的教育思想家对于何以成为一个完整的人的认识在不断深化。他们对于人格独立、自由、平等、个性解放，以及个人与国家前途、社会进步之间关系等问题的认识达到了前所未有的广度和深度。蔡元培作为此次教育宗旨修改案的重要参与者之一，能够结合民初以来具体的教育实践经验，赋予健全人格思想以更加明确的内容，这也彰显出蔡元培对于完全人格思想的建构和追求没有仅仅停留在口笔之上，而是在实践中不断验证其合理性，并随着中国教育现代化实践的推进而不断深化、完善。

（二）新学制：现代人才培养体系的建构

民国肇始，百废待兴。为了确保新教育宗旨能够在实践中得以贯彻，蔡元培大刀阔斧地采取了一系列改革措施，其中影响最大的就是学制改革。一方面，学制是一个国家最基本的教育制度，事关人才培养体系的形成。蔡元培认为，辛亥革命后的教育思想和教育方法都发生了改变，清末颁行的"壬寅学制""癸卯学制"与封建帝制相适应，已经不符合共和时代的需求和国民发展的要求，必须加以改革。另一方面，为避免政权更替所引发的社会动荡会继续波及学校教育，亟须制定统一学制来稳定全国教育大局，为人才培养提供系统的制度保障。因此厘定学制、制定教育法令文件则成为蔡元培执掌全国学政后所面临的当务之急。

1. "壬子癸丑学制"的酝酿与颁行

民国教育部成立之初，蔡元培就把厘定学制作为一项重要工作。他作为新学制制定工作的领导者和组织者，不仅邀集教育界知名人士集思广益，分类拟定各项学制，还直接参与起草了《大学令》。为了广泛听取教育界和社会各界的意见，蔡元培还将三次拟稿的学校系统草案全文登载在教育报刊上。可见，学制的制定

---

① 朱有瓛主编：《中国近代学制史料》（第3辑上），上海：华东师范大学出版社，1990，第107页。

过程充分彰显了民主精神。

1912 年 7 月教育部召开全国临时教育会议，由蔡元培组织制定的学校系统案先后经过四次拟稿获得通过，于 1912 年 9 月 3 日正式对外公布，这一年恰逢农历壬子年，史称"壬子学制"。教育部在学校系统案的基础上，陆续公布《小学校令》《中学校令》《师范教育令》《专门学校令》《大学令》《实业学校令》和各种学校规程，同时对壬子学制部分内容做了进一步的丰富和完善，形成了一个较为完备的学制，因此并称"壬子癸丑学制"。"壬子癸丑学制"规定总修业年限为 17 年或 18 年。从纵向来看，共分为三段四级。初等教育段包括初等小学（4年）和高等小学（3 年），中等教育段（4 年或 5 年），高等教育段内分为预科和本科（共 6 年或 7 年）。从横向来看，分为普通教育、师范教育和实业教育三个系统[①]。此外，还设置了补习科、专修科和小学教员讲习科等。

蔡元培组织制订的"壬子癸丑学制"是以培养具有健全人格的共和国民为出发点，构建了一个从小学、中学到大学，从普通教育、专门教育到实业教育的现代化学校教育体系，形成了一个较为健全的人才培养体系。

2. "壬子癸丑学制"的进步与不足

蔡元培领导制定的"壬子癸丑学制"是中国现代教育史上的一座里程碑，也是民初教育改革取得的标志性成果。民初"壬子癸丑学制"的订立并非是对清末学制的全盘否定，而是继承和发展了它的合理性，并在现代民主精神的激励下，对其不合理性进行了批判性改造。与"清末壬寅、癸卯学制"相比，新学制具有下列进步之处：

一是缩短了教育周期，加快了人才的培养和输送速度。民初"壬子癸丑学制"规定完整的修业年限为 17 年或 18 年，与清末"癸卯学制"相比减少了 3 年，其中初等小学和高等小学修业各缩短一年，中学缩短一年。由于中国社会的普遍贫困和教育的不发达，能进中小学读书的人数十分有限。缩短修业年限可大幅降低普通家庭的教育支出，使更多学生有机会进入学校读书。在新学制民主精神的鼓

---

① 钱曼倩，金林祥主编：《中国近代学制比较研究》，广州：广东教育出版社，1996，第 168 页。

励下，越来越多的青少年有机会接受普通教育。据统计，从 1912 年 8 月至 1916 年 7 月全国小学生人数从 2793475 人增至 4140066 人，中学生人数从 59971 人增至 87929 人[①]。可见，缩短修业年限对于普及国民教育、提高国民的整体文化素质和谋生能力是非常必要的。

二是以国家法规的形式肯定了男女平等享有受教育的权利。这一举措是蔡元培完全人格教育理念在国家制度层面的落实。蔡元培认为，"造成完全人格，使国家隆盛而不衰亡，真所谓爱国矣。完全人格，男女一也"[②]。虽然 1907 年清政府颁布了《女子小学堂章程》和《女子师范学堂章程》，但实质上并未突破男尊女卑的封建思想防线。民初学制规定女子不另列系统，与男子同，初等小学实行男女同校。这不仅意味着女子获得了进入普通中学、师范学校、高等师范学校和各类实业学校学习的权利，而且在初等小学阶段甚至可以男女同校。实际上，蔡元培为普及女子教育做了大量工作。他不仅从理论上大力宣传男女平等思想，更是从实践上开创了男女同校的先河，在实践中进一步证明男女同样都能够具有完全人格。1917 年他创办的孔德学校就采用男女学生兼收的办法。1920 年他在北京大学首次招收女生入学，打破了男女不能同校的禁令，在中国高等教育史中具有里程碑意义。

三是从国家制度层面确认了国民在教育中的主体地位。在 1912 年 7 月全国临时教育会开幕的讲演中，蔡元培深刻地批判了旧式教育"承科举余习，奖励出身，为驱诱学生之计；而其目的，在使受教育者皆富于服从心、保守心、易受政府驾驭"[③]。尽管清末新政废除了科举制，但实际上并未改变"养成科名仕宦之才"的教育目的，仍然以奖励出身为诱饵，吸引学生为做官而就学。民初学制则强调教育要"立于国民之地位，而体验其在世界、在社会有何等责任，应受何种教育"，取消了各级各类学校毕业生奖励出身的规定，把教育的目标从养成官吏转向养成国民，体现出民国初年人才培养观念发生了根本转变[④]。所谓奖励学堂出身其实

---

① 转引自钱曼倩，金林祥主编：《中国近代学制比较研究》，广州：广东教育出版社，1996，第 211 页。
② 中国蔡元培研究会编：《蔡元培全集》（第 3 卷），杭州：浙江教育出版社，1997，第 12 页。
③ 中国蔡元培研究会编：《蔡元培全集》（第 2 卷），杭州：浙江教育出版社，1997，第 178 页。
④ 中国蔡元培研究会编：《蔡元培全集》（第 2 卷），杭州：浙江教育出版社，1997，第 178 页。

是清末科举制度废除后，对古代科举"抡才"制度和近代"育才"制度的功能整合，以推进古代教育向近代教育过渡。虽然这项激励政策在一定程度上提升了学子们进入新式学堂求学的兴趣，然而其所产生的实际效果却是弊大于利。在"求官"和"身份"的诱惑下，知识变成了达成功利目的的手段和工具。对于学生来说，做学问并不重要，关键是学什么能更容易获得官职和社会身份才重要。所以学生中选择法科的趋之若鹜，"入文科者甚少，入理科者尤少"①。可见，抡才与育才两种不同制度的"错位嫁接"，不仅不利于培育完全人格，而且导致社会形成投机侥幸的浮华风气②。1912年1月，蔡元培执掌全国学务后便宣布废止奖励出身。他强调学生应以求学为宗旨，以教育去改造社会，承担起个人对于社会和国家的责任。

由于"壬子癸丑学制"订立时正值新政权初立，南北尚未统一，兵祸酷烈，因而学制的制定既要除旧布新，适应新政体的转变，清除封建教育的不合理制度，也必须考虑到维持全国教育稳定大局的现实需要。再加上教育界办理中等教育的经验不足，对办理专门大学更是茫然，因而新学制在具体实施过程中也暴露出诸多弊端。虽然在编订学制之初"志愿甚弘，拟遍采欧美各国之长，衡以本国情形，成一最完全之学制"，然而受现实条件制约，新学制最终选择仿照日本学制③。结果该学制在实践中暴露出中小学的升学主义的单轨制、法政学校的畸形发展、教育内容与社会需要脱节、修业年限依然偏长等问题。蒋维乔认为民初学制存在的不合理之处源于时代的局限性，即"一般人之经验学识，只有此限度"④。从后来的实践来看，这样的解释是公允的。

辛亥革命虽然以暴力的革命手段推翻了清政府的专制统治，但是盘根错节地存在于人们思想观念中的专制枷锁并非疾风骤雨的革命形式所能彻底根除的。中国传统社会历经几千年时间所形成的一整套意识形态、思想观念和文化传统仍在自觉、不自觉地发挥作用。而蔡元培意欲仿效的欧美国家，早在实行教育改革之

---

① 中国蔡元培研究会编：《蔡元培全集》（第3卷），杭州：浙江教育出版社，1997，第8页。
② 左玉河：《论清季学堂奖励出身制》，《近代史研究》，2008（04），第55页。
③ 陈学恂主编：《中国近代教育史教学参考资料》（中），北京：人民教育出版社，1987，第164页。
④ 璩鑫圭，唐良炎编：《中国近代教育史资料汇编——学制演变》，上海：上海教育出版社，1991，第629页。

前已经完成了工业革命和思想启蒙，因此推行全方位的教育改革可谓是水到渠成。然而民初革故鼎新之际，共和政体代替专制政体，新政权在处理"破旧"与"立新"的关系上，显然更加倾向于后者。从表面来看，"立新"是用新制度代替旧制度，但其深层内涵却是用新思想代替旧思想。而思想领域的革新确是一个艰巨的、漫长的过程，绝非一场暴力革命就能彻底实现。从辛亥革命所取得的成果很快被袁世凯政权复古逆流所破坏可以看出，"没有广泛深入的思想层面变革的支持显然是难以完成的"[①]。由此可得出，现代化的核心在于人的现代化，实现文化的自觉和思想的启蒙是实现人格的健全发展和社会进步的前提。

民初教育部在短短几个月的时间里完成了制定教育政令的任务，因此时人批评道："试问历时一年，教育部公布之新令求其已实行者，能有几省？在教育部之意，亟欲整理全国教育，苟为教育上应有之事，无不制为新令，陆续公布……此教育部注重形式教育令之讥所由来也。"[②]民初教育家对于教育改革过程过于乐观的估计，既是由于中国资产阶级的不成熟性所导致的，也是历史原因造成的。

二、蔡元培与民国前期课程改革

对完全人格教育思想的践行不仅需要有宏观的制度保障，同时也需要以具体的课程内容为依托。蔡元培围绕培育完全人格的教育目标，对课程设置做出了一系列改革，其中最具突破性的举措在于废止读经和取消文实分科。可以说，废止读经和取消文实分科意在克服旧式教育中人的片面性发展的弊端，推进中国人的文化觉醒和思想启蒙，在近代思想文化史上具有划时代意义。

（一）废止读经，提倡新学

如果说辛亥革命是中国政体的一次重大变迁，那么废止读经则是中国人精神

[①] 田正平，杨晓：《辛亥革命与中国教育近代化》，《浙江大学学报（人文社会科学版）》，2002（01），第11—12页。
[②] 舒新城：《近代中国教育史料》（四），上海：上海科学技术文献出版社，2015，第174页。

文化世界的一次全新突破，而这一功绩则应归功于蔡元培。欧阳哲生教授称其为"从制度上解构经学意识形态的始作俑者"①。1912年，蔡元培出任教育总长后明确提出"尊孔与信仰自由相违"，要求普通学校一律废止读经、大学废除经科，同时禁止学校开展一切祀孔的宗教仪式。蔡元培以教育法令的形式宣布废止读经，意味着从制度上解构了经学教育千百年来形成的至高无上的权威，这是对旧式教育的一次全新突破，也是对中国人知识体系和价值世界的重要更新，其意义在于使教育开始回归人的生活，维护人的尊严和人格的完整。

1. 蔡元培提出废止读经的缘由

1912年年初，蔡元培就任中华民国教育总长伊始便着手组织制订《普通教育暂行办法》，宣布禁止小学读经和废用前清学部颁行的教科书。就在同一天，教育部又迅速颁行《普通教育暂行课程之标准》，规定包括中小学和师范学校在内的所有学校课程均取消读经。随后，教育部公布《大学令》，明确规定大学废除经学科，采用分科治学的方式将经学分别归入文科下设的文、史、哲三门加以研究。教育部接连出台法令，强调废止读经，使"儒学失去了在国家教育体制中的独尊地位，儒家经典从政治、教育领域全面退出，不复为人们必读之经典"②。由此可见，蔡元培对于废止读经的态度坚决而果断。蔡元培自幼年起便接受儒家传统教育熏陶，有着深厚的国学根基，并在科举仕途一路亨通升任翰林院编修，是儒家经学教育的佼佼者和受益者，缘何会在民初毅然宣布废止读经呢？分析其原因大致有以下三点：

其一，尊孔读经阻碍完全人格教育目标的实现。自汉代"罢黜百家，独尊儒术"以来，儒家经典经不断改造后与中国皇权专制社会的政治、经济、文化结构相适宜，特别是经学成为统驭传统教育的核心后，无论大小学堂，均以经学为必修课程。统治者一方面以儒家空疏义理钳制士人思想，以培养忠君尊孔的"顺民"，另一方面以仕途功名为诱饵，强迫士人终生埋头于经学故纸堆，结果培养

① 欧阳哲生：《评蔡元培的中西文化观》，《清华大学学报（哲学社会科学版）》，2009（02），第103页。
② 左玉河：《民国初年的信仰危机与尊孔思潮》，《郑州大学学报（哲学社会科学版）》，2012（01），第128页。

了一批思想僵化、严重脱离生活实际的读书人。尽管饱受内忧外患困扰的晚清政府已经认识到人才不济所带来的危机，于 1905 年无奈宣布废科举、兴学堂，但本质上不过是"新瓶装旧酒"，并无意动摇儒家经学的独尊地位。特别是 1904 年颁行的《奏定学堂章程》明确规定"中小学堂宜注重读经以存圣教"，继续把经学当作立国之根本，不可动摇①。此外，从课程设置来看，尽管《奏定中学堂章程》模仿日本课程体系进行了一系列改革，但从其所开设 12 门课程的学时可以看出，经学的地位不降反升，其中读经讲经一门课程的课时竟占到中学堂全部学时的四分之一，可见晚清政府仍然把儒家孔经视作立国的根基。按照 1904 年颁布的《学务纲要》要求，学生从中学堂毕业时至少已经读过《孝经》《论语》《孟子》《易》《书》《诗》《左传》《礼记》《仪礼》，并通晓大义。可见，清末对于读经课程的要求之高，已经远远超出学生的认知能力，完全违背了人的成长规律。

蔡元培晚年回忆儿时的读经经历时曾严厉地批判道："读小书、《四书》的时候，先生是不讲的；等到读《五经》了，先生才讲一点。然后背诵是必要的，无论读的书懂不懂，读的遍数多了，居然背得出来。"②可见，当时所学习的经学课程已经远远超出学生的理解能力，只能靠囫囵吞枣死记硬背了。而在当时，经学的解读权全部掌握在教师手里，不允许学生有任何质疑和创见。可以说，经学教育以其专制性垄断了受教育者的思想世界，把学生视作单一、刻板的灌输对象，遮蔽了人之为人的潜能、尊严和价值，忽视了教育的对象本是一个个有鲜活个性的人，从而失去了孔学原本以人为本的人文精神，这也是经学教育走向终结的原因之一。

其二，尊孔读经不利于文化的多元流动。蔡元培认为中国人心中普遍存在着"自大"和"自弃"的文化心理，这与经学教育的封闭性密不可分，而经学教育的封闭性又与传统社会的小农经济结构和宗法专制结构相适应。当中国传统社会在资本主义浪潮的席卷下逐渐走向解体的时候，传统社会的封闭隔绝被打破了，特别是精神文化不可避免开始产生交流。但近代中国社会转型与文化转型并不同

---

① 顾明远主编：《中国教育大系：历代教育制度考》（第 2 卷），武汉：湖北教育出版社，2004，第 1770 页。
② 中国蔡元培研究会编：《蔡元培全集》（第 7 卷），杭州：浙江教育出版社，1997，第 552 页。

步，导致很多读书人仍然沉浸在"天朝上国"的幻想中，妄自尊大，闭目塞听。正如蔡元培所批评："自大者，保守心太重，以为我中国有四千年之文化，为外国所不及，外国之法制，皆不足取。"①因此，当中国传统文化在近代本应"融入世界充分吸收世界优秀文明成果"时，经学教育所固有的保守自大的特性却成为"天然的障碍"②。而当近代中国遭遇千年巨创而屡战屡败时，也有一些人则由自大转为自弃，"转而为崇拜外人，事事以外国为标准"，表现出自卑自弃的心态③。蔡元培认为自大和自弃都不利于文化的交流和发展，中国要进步就要破除保守心，就要对传统教育进行彻底的改革。他认为"普通教育，废止读经；大学校废经科，而以经科分入文科之哲学、史学、文学三门，是破除自大旧习之一端"④。

蔡元培从制度层面否定了经学教育存在的必要性。特别是1912年蔡元培亲订《大学令》，规定大学学科体系包括文、理、法、商、医、农、工七科，将经学科归入文科，由此取消了经学在大学学科体系中的核心地位。蔡元培曾这样解释废除经科的原因："我以为十四经中，如《易》《论语》《孟子》等已入哲学系，《诗》《尔雅》已入文学系，《尚书》《三礼》《大戴记》《春秋三传》并入史学系，无再设经科的必要，废止之。"⑤然而这只是废经科的表层原因，其深层原因则在于近代以降，中国人原有的世界观、人生观和价值观受到了强烈的冲击，思维方式和知识结构也相应发生了改变，原有的经学科已经无法适应新时代的需要，甚至成了阻碍社会进步的精神枷锁。民国代清，政体的更迭必然要求教育制度和内容随之更新，因此亟须从制度层面否定传统经学的核心地位，为推进教育现代化进程铺路。因此，蔡元培果断采取废除经科的主张，并以立法的形式予以肯定，为中国教育由传统迈向现代化奠定了重要的基础。

但值得注意的是，蔡元培提出废止读经并非全盘否认儒家经典的合理性，而是主张以学术自由、学术平等的眼光来看待儒家经典。蔡元培重申"旧学自应保

---

① 中国蔡元培研究会编：《蔡元培全集》（第2卷），杭州：浙江教育出版社，1997，第179页。
② 许锡良：《蔡元培当年为什么要废止读经》，《上海教育科研》，2016（10），第6页。
③ 中国蔡元培研究会编：《蔡元培全集》（第2卷），杭州：浙江教育出版社，1997，第179页。
④ 中国蔡元培研究会编：《蔡元培全集》（第2卷），杭州：浙江教育出版社，1997，第179页。
⑤ 中国蔡元培研究会编：《蔡元培全集》（第17卷），杭州：浙江教育出版社，1998，第469页。

全。惟经学不另立为一科"①。他坚决反对将孔子和经学定为一尊，而是要以科学的方法和态度来看待传统文化。他认为唯有各学术地位平等，才能实现思想自由、学术自由，才能真正促进中西文化的交流与融合。可以说，废止读经的主张是在对西方文化和中国传统文化做出深刻思考的基础上而做出的选择。

其三，经学的一元知识结构不再适应现代人对于全面发展的需求。自秦汉建立大一统政权后，儒家经学便获得独尊地位，成为两千多年来中国学术发展的主流，而这一传统一直延续到民国初年。在此期间，中国传统学术基本上是以经、史、子、集为基干，形成了经学笼罩下传统学术的一元格局。无论是史学、哲学、教育、政治、还是艺术、法律，宗教，无不笼罩在经学的统摄范围内，而未能发展成为独立的学科和教学内容。传统经学的特点是"紧紧地围绕着封建大一统政治——社会体系的组织形态和意识形态徘徊，把探求的兴趣集中于'人'，而几乎从不投向真正的自然以及整个客观世界"②。而这里的"人"并非指个体意义上的人，而是指依附于各种伦理道德关系中的社会"人"。因此传统经学体系中关于人的知识凌驾于其他一切知识之上，导致自然科学知识的发展先天不足。尽管经学中也涉及对自然世界的认识，但是在经学自成体系的知识框架下，自然科学所占的比例很小，很难获得独立的地位。

而西方知识体系与中国传统知识体系则存在明显的不同。早在古希腊时期，亚里士多德就建立了知识分类体系，自此西方学术中已经出现了明显的学科分支。而到了近代，西方的知识分类体系基本上形成了"以事物的客观本质及其相互关联的逻辑作为分类的主要依据"，因此具有系统化、科学化的特点③。相比之下，中国两千多年来在经学一元学术结构的统摄下，传统知识在这一框架下不断循环重复，未能真正突破这一理论框架的限制。而近代以来以经学为代表的华夏文明在与西方文明冲撞的过程中，其在自然科学方面的劣势被暴露无遗。儒家文化经典一旦被抬到"经"的地位，其所具有的权威性则不允许别人对此产生怀疑，便

---

① 中国蔡元培研究会编：《蔡元培全集》（第2卷），杭州：浙江教育出版社，1997，第43页。
② 梁从诚编选：《薪火四代》（下），天津：百花文艺出版社，2003，第248页。
③ 梁从诚编选：《薪火四代》（下），天津：百花文艺出版社，2003，第242页。

对各学科的发展起到限制作用，因此很难产生理论突破和创新。近代洋务运动和戊戌维新运动的失败已经证明，作为中国传统伦理道德和社会秩序基石的儒家经典，已经不能完全适应现代社会的要求。

正如黄裕生教授所指出："以我们的传统文化经典修身立国的满清王朝，修习儒家经典有千年之久的中国社会，在遭遇西方文化世界和西方政治社会之际，几无自保之力，所有的抵制与反抗，都一败再败；在生死存亡之际，自新自救乃唯一出路，而仅靠传统文化资源，却几无自新自救之可能。"① 因此，蔡元培提出废止读经的主张，是希望让中国人能够正视来自西方现代知识的洗礼，一方面弥补中国传统教育资源的不足，另一方面使中国传统经典能够焕发出新的生机。

2. 废止读经引发的论争

蔡元培反对尊孔拜教，提出小学废止读经、大学废除经科的主张在当时实属破天荒之举，对于多数中国人的思想观念和价值体系产生了强烈的冲击。废止读经的主张一经公布便引起强烈反响。

第一个站出来系统反对废止读经的是先前不遗余力介绍西方启蒙思想的严复。辛亥剧变后，整个社会发展状况并未如人们所愿真正走上民主共和的道路，而是陷入军阀擅权、武人专制的混乱局面。严复担忧民初社会发生的急剧变动，尤其是骤然废止儒家经典作为官方意识形态和价值体系的核心地位，难免会令中国人陷入社会价值标准紊乱和信仰危机之中。严复晚年在对西方近代思想在中国传播所引发的负面影响进行反思时，一反常态地唱起了尊孔读经的论调。1913 年，严复在中央教育会做题为《读经当积极提倡》的演说，从中西文明对比的角度，肯定了儒家经学对于挽救世道人心的重要性。他提出："我辈生为中国人民，不可荒经蔑古，固不待深言而可知。盖不独教化道德，中国之所以为中国者，以经为之本原。"② 严复希望通过恢复尊孔读经的文教传统来拯救民初中国人普遍面临的信仰危机。他主张从孩童时期就开始读经，他认为虽然儿童对于经书内容无法字

---

① 黄裕生：《莫使百年回归成复古——关于儒家经典重归国民教育的思考》，《齐鲁学刊》，2018（03），第 36 页。
② 严复著，王宪明编：《严复学术文化随笔》，北京：中国青年出版社，1999，第 252 页。

字句句都理解，但待其长大，自然能够明白其中的含义。于是他提出"天演之事，进化日新，然其中亦自有其不变者"，而这不变者就是儒家经学①。因而，严复驳斥了经学已经不合时宜的说法，坚持认为读经是培养人格和挽救国民性的途径。

无独有偶，蔡元培反对尊孔读经的理论依据之一就是严复所翻译引进的进化论。进化论对于蔡元培一生教育主张所产生的深刻影响已在第一章中有所论述，兹不赘述。蔡元培在进化论的影响下，形成了以进化观点来考量包括经学在内的古今中外一切学术的观点。他认为进入近代以来，一切要本着科学的精神来"整理中国的旧学说，才能发生一种新义"，认为唯有经过进化检验而尚不至于淘汰的学说才可以保留下来②。由此可见，蔡元培并非全盘否定儒家经典所包含的合理因素和学术价值，而是坚决反对将经学定为一尊。对此有学者指出，"蔡氏否定了传统经学作为常道或'中体'的先验价值预设，主张包括经学与其它一切中西学术都必须接受'优胜劣汰，适者生存'的进化论检验"，才能够证明其存在的合理性③。在1935年"读经问题"大讨论中，蔡元培对于读经的态度与民初时期并无二致，他认为"为大学国文系的学生讲一点《诗经》，为历史系的学生讲一点《书经》与《春秋》，为哲学系的学生讲一点《论语》《孟子》《易传》与《礼记》，是可以赞成的"④。对于小学生而言，他坚持认为经学的内容不适宜儿童理解，尤其其中一些僵化思想和等级特权的思想会禁锢儿童的天性。因此，蔡元培坚决反对强制中小学生读经，他认为"小学生读经，是有害的；中学生读整部的经，也是有害的"⑤。

蔡元培废止尊孔读经的主张也引起了以康有为为代表的复古派的强烈反对。康有为将民初的政治乱象和国人所面临的信仰危机等一系列问题归罪于民初禁止祀孔读经这一激进变革。他联合陈焕章等人筹建孔教会，发起国教运动，掀起一场复古读经的浪潮。1912年，康有为发表《孔教会序》，对民初废止读经的主张

---

① 严复著，王宪明编：《严复学术文化随笔》，北京：中国青年出版社，1999，第254页。
② 中国蔡元培研究会编：《蔡元培全集》（第3卷），杭州：浙江教育出版社，1997，第716页。
③ 毛朝晖：《进化论与蔡元培之"废经"》，《高教发展与评估》，2021（05），第18页。
④ 中国蔡元培研究会编：《蔡元培全集》（第8卷），杭州：浙江教育出版社，1997，第56页。
⑤ 中国蔡元培研究会编：《蔡元培全集》（第8卷），杭州：浙江教育出版社，1997，第57页。

予以驳斥。他痛斥："中国立国数千年，礼义纲纪，云为得失，皆奉孔子之经，若一弃之，则人皆无主，是非不知所定，进退不知所守，身无以为身，家无以为家，是大乱之道也。"[①] 他认为民国政府废除尊孔读经的激进政策导致了"礼崩乐坏"。康有为积极鼓吹诵孔读经，他认为民初的政治危机源于信仰危机，因此唯有立孔教为国教，尊孔崇经才能拯救濒临崩溃的礼俗教化。康有为掀起的尊孔读经的浪潮得到袁世凯、汤化龙等人的支持。时任教育总长的汤化龙发表《上大总统言教育书》中指出"俾圣贤之微言大义浸渍渐深，少成若性。此厚根柢之说也"，一方面要求中小学校恢复读全经，另一方面则主张"以孔子为国教，一切均以宗教仪式行之，俾国民居于教徒之列，守孔子之言行如守教诫，此崇信仰之说也"[②]。此举可以视为对蔡元培将经学和孔子与道统、政统相分离的一种抵制。

面对尊孔复辟势力的攻击和责难，蔡元培不为所动。一方面，他一如既往地坚持思想自由原则，将儒家经典纳入现代学科体系中予以研究和考察，消解其权威地位，有力地推动了中国现代课程体系的建构。另一方面，他积极倡导教育独立，提议"以美育代宗教"。面对将孔子之学术与宗教混为一谈的怪状，蔡元培主张对"孔子之学术，与后世所谓儒教、孔教当分别论之"[③]。1916年，他在信教自由会发表演说，专门针对立孔教为国教的观点进行批驳。他指出："孔子自孔子，宗教自宗教，孔子、宗教，两不相关……孔教不成名词，国教亦不成名词。"[④] 随着袁世凯复辟帝制失败后病逝，教育部随即宣布废除初等小学和高等小学读经科目。在后来的新文化运动中，尊孔读经的主张遭到更为激烈的批判。虽然民初政府通过教育法令的形式宣布废止读经，但本质上是民初社会经济状况决定了读经的存废问题。事实证明，废止读经的举措符合中国历史和文化的发展趋势，虽然几经波折，但已经是不可遏止的必然选择。

总体而言，从顺应人的发展规律的角度来看，蔡元培提出废止读经的主张无

① 董士伟编：《康有为学术文化随笔》，北京：中国青年出版社，1999，第158页。
② 舒新城：《近代中国教育史料》（四），上海：上海科学技术文献出版社，2015，第34页。
③ 中国蔡元培研究会编：《蔡元培全集》（第2卷），杭州：浙江教育出版社，1997，第16页。
④ 中国蔡元培研究会编：《蔡元培全集》（第2卷），杭州：浙江教育出版社，1997，第494页。

疑具有十分重要的意义。在中国社会文化转型的关键时刻，蔡元培果断地处理了"破旧"与"立新"的关系，打破了中国人唯经学是从，自大、封闭的思维模式，给予他们新的知识结构、新的人生理想和新的价值追求，推动了中国人思想的启蒙和个性的解放。此外，蔡元培以客观、科学的态度对待中国传统学术，将儒家经典纳入现代学术体系中予以考察，以自由、科学的精神重新诠释了儒家传统文化的新使命，在推动中国传统文化与西方文化融合的过程中发生一种新义，创造出中国的新文化。客观来讲，在认识民初废止读经政策的积极意义的同时，我们也不得不承认这一制度设计并非尽善尽美，而是存在着一些不足。比如，在建构现代教育体系的过程中如何避免人为地分解、割裂经学体系的完整性，以及如何处理儒家传统文化与民族文化复兴之间的关系，也是值得后人深思的问题。

（二）取消文实分科，融通文理

教育的育人功能、启蒙传统与实用理性、功利主义传统存在着矛盾。二十世纪初，如何平衡人格健全发展需要和社会发展需要，如何有效缓解学校教育与社会需求之间的矛盾，如何缓解升学与就业之间的矛盾，成为教育界面临的首要问题。为了缓解对新式人才的迫切需求，清政府学部奏请《变通中学堂课程分为文科实科折》，于1909年在中学堂实行文实分科，"目的是让学生就文就实进行专向准备以便于升学"。然而教育界对中学实行文实分科做法持反对态度的不在少数，蔡元培就是其中之一。他于1912年正式执掌教育部后便颁行《普通教育暂行办法》，规定"中学校为普通教育，文实不必分科"[1]。他认为强行将中学分为文、实两科，是"破坏普通教育之原则"，因此他主张从制度上取消文实分科[2]。这也构成了蔡元培民初课程改革的特色之一。

1. 取消文实分科的缘由

蔡元培反对中学进行文实分科主要出于以下考虑：

一是中学校采用文实分科不利于造就"完全人格"。蔡元培将中学教育定位

---

① 中国蔡元培研究会编：《蔡元培全集》（第2卷），杭州：浙江教育出版社，1997，第8页。
② 谢长法主编：《中国中学教育史》，太原：山西教育出版社，2009，第70页。

为"以完足普通教育，造成健全国民为宗旨"①。在蔡元培看来，中学阶段学生身心尚未成熟，过早进行分科教育可能会导致学生的畸形发展，不利于养成健全的国民人格。蔡元培指出："盖国民而无完全人格，欲国家之隆盛，非但不可得，且有衰亡之虑焉。"②他将国民人格与国家兴衰存亡联系起来，意在强调普通教育应当以提高国民素质为目的，教会学生承担起个人对家庭、社会、国家和人类的责任和义务，把个人的命运与国家的命运联系起来。他坚持取消文实分科，本意在于"淡化了中学的升学预备性质，而偏重于普通教育，偏重德性的陶冶，以期造就健全合格的国民"③。在蔡元培看来，中学教育不只是为升学、当官或者就业做准备，故此中学阶段学生所学内容不宜太偏。若强行将中学分为文实两科，则会破坏普通教育的完整性，进而破坏国民人格的健全发展。

二是当时的经济基础和师资力量尚不具备开展文实分科的条件。教育的发展程度与经济基础的支持分不开，在蔡元培看来，德国文实分科中学并存是一种传统的自然演变，有其特殊的历史渊源。这一特色是与德意志资本主义经济高度发达和对外殖民扩张的需要相适应的，特别是经洪堡、费希特等教育家的改革后，德国高等教育得到快速发展，教师素质和地位得到提高，为文实分科储备了充足的师资力量。而辛亥革命虽然推翻了清朝的专制统治，但中国仍处于水深火热的半殖民地半封建社会之中，尚未全面构建起资本主义生产关系和坚实的经济基础，也不具备实行文实分科的教育基础条件。同时，实科教育在中国近代起步较晚，学生尚未脱离科举时代旧习，"毕业预科者，多入法科，入文科者甚少，入理科者尤少"④。而实科教学对于教员的专业性有很高的要求，能胜任实科教员的师资就更少了。教育经费和师资配备不足也是蔡元培反对中学实行分科的现实原因。他认识到无论是实科教学所需的仪器、设备、场地，还是师资、财力都是民初政府无力承担的。因此在当时的经济条件下，开设实科也不过是纸上谈兵罢了。

---

① 陈学恂主编：《中国近代教育史教学参考资料》（中），北京：人民教育出版社，1987，第194页。
② 中国蔡元培研究会编：《蔡元培全集》（第3卷），杭州：浙江教育出版社，1997，第12页。
③ 谢长法主编：《中国中学教育史》，太原：山西教育出版社，2009，第67页。
④ 中国蔡元培研究会编：《蔡元培全集》（第3卷），杭州：浙江教育出版社，1997，第8页。

三是文实中学的课程设置悬殊且与升学衔接不畅，使学生失去自由选择的机会，不利于学生终身发展。一方面，德国中学虽然采取分科制，但文实之间的课程相差不远，如果学生想要中途改科，只要稍加补习，也并非不可能。而从清末中学堂文科与实科的课程安排可以看出，文实之间相去甚远，学生若中途辍学将无法转学（见表3-1）。因此，中学所学专业将直接决定终身求学的方向，而中学阶段学生智识尚不健全，对于所学科目还不能完全理解，极有可能因为选择不慎而贻误终身。

表 3-1 清末中学堂文科、实科课程表（1909 年）[①]

课程	清末中学堂文科		清末中学堂实科	
	周课时	所占比例	周课时	所占比例
修身	5	3%	5	3%
读经讲经	50	28%	15	8%
中国文学	32	18%	15	8%
外国语	30	16%	44	24%
历史	15	8%	5	3%
地理	12	7%	5	3%
算学	15	8%	30	17%
博物	2	1%	12	7%
物理	6	3%	8	4%
化学			16	9%
法治理财	3	2%	2	1%
图画	–	–	10	6%
手工	–	–	3	2%
体操	10	6%	10	6%

另一方面，德国建立起与大学教育相衔接的中学教育体系。文科中学学生完

---

① 该表格中数据转引自吕达：《课程史论》，北京：人民教育出版社，1999，第213-214页。

成八年学业后只要通过毕业会考，即可获得进入大学学习的资格，可以自由选择神学、哲学、医学或法学任一专业。实科和文科中学毕业后可以进入"哲学科之近世外国语、数学及自然科学等门"[①]。此外，洪堡考虑到有些地方因资金或条件不足无法建立文科中学，因而设立了一种介于初等学校和文科学校之间、具有过渡性质的学校。学生毕业后仍可进入文科中学继续深造，为将来升入大学做准备。由此可以看出，德国的文实中学与德国高等教育体系是相贯通的，为学生未来的发展提供了多种选择和可能性。然而清末民初的中等学校学制较短，学生的整体学识仍处于较为基础的阶段，况且中学毕业能升学者寥寥无几，多数人将止于中学毕业，"则学益趋于专一，即于普通之学识，益缺欠而不定"，因而与普通中学培育健全国民的教育宗旨相背离[②]。

应该说，蔡元培取消文实分科是建立在当时教育发展状况基础上的，它满足了新政权对于提升国民素质的基本要求，从重视升学转而重视培养国民素质，是在养成完全人格的教育目标下对课程设置进行的一项重要改革。针对取消文实分科可能存在对学生个性关注不足的问题，蔡元培认为普通教育可以采用选科精神。所谓选科精神是指学生如因不擅长某个科目而考试不及格，可以跟着低年级去补习不及格的科目，而不用留班降级，这样不会影响其他课程的深造，更有利于学生的健全发展。他认为只有高等以上学校才可以采用选科制，"并且学生只有相对的选择，无绝对的选择，除必修科以外的学科，才有选择权"[③]。蔡元培认为大学选科一定要在教师的指导下进行，而不是放任学生自己选择。这样做意在使学生掌握全面的科学知识，以便日后更加具有适应性，为养成健全人格奠定基础。但不可否认，取消文实分科的确在一定程度上导致课程过于集中和统一，课程种类繁多，课业繁重，缺乏伸缩的余地。此外，对于中学毕业后不愿意升学或无力升学者的未来发展关注不够，未能考虑到不升学者的职业训练，也是民初课程改革未能彻底解决的问题。

---

① 中国蔡元培研究会编：《蔡元培全集》（第3卷），杭州：浙江教育出版社，1997，第454页。
② 吕达：《课程史论》，北京：人民教育出版社，1999，第225页。
③ 中国蔡元培研究会编：《蔡元培全集》（第4卷），杭州：浙江教育出版社，1997，第330页。

2. 关于取消文实分科的论争

二十世纪初，教育界关于是否应取消文实分科的争论此起彼伏。1915年袁世凯政权颁布《特定教育纲要》，坚持认为"取法德制，分为文科、实科二种……将来毕业后出任事业，能力较优，自足为社会之中坚人物，即升入专门大学亦易深造，较现制实为便利"①。而这一计划还未来得及实施便因袁世凯政权倒台而流产。同年4月全国教育会联合会召开的第一届年会上，湖南省教育会针对学制不合理和课程设置等弊端再次提出中学进行文实分科的要求。这份提案认为中国近代学制仿自日本，弊端丛生，导致学生丧失生存技能，不利于社会发展。因而，该提案考虑到那些未能升学学生的生计问题，意在使他们获得生存所需技能知识和职业训练，认为德国文实分科制度对于解决该问题仍有值得借鉴之处，不能因为清末文实分科"卒无效果"就因噎废食而放弃分科制。尽管湖南省教育会的这份提案未曾在会上开议，但在会前已经送往各省征求意见，引起了学界的广泛重视，可以说二十世纪二十年代的学制和课程改革就是以此为嚆矢。

1918年，教育部在北京召开全国中学校长会议，其中一个议题就是讨论中学是否应设文、实两科。在这次会议上，以中学校长为主体的各省代表们达成一致意见，认为文实不分导致学生学业过重，不利于身心健康，且对将来升学或就业实则弊大于利。他们认为文实分科只是各有侧重而已，并不是对文科或实科一概不学。蔡元培则坚持认为中学生以掌握全面的知识最为重要，文实分科必然会导致学生有所偏重，不利于学生的健全发展。经过激烈讨论，会议决议在中学实行文实分科，以预备升学为主、预备职业为辅，认为文实分科是兼顾中学毕业生升学和就业的最佳选择。尽管教育部没有采纳中学文实分科的建议，但允许各地中学可以因时因地制宜，根据本地需要和条件"酌量增减"课程及课时。可以说"酌量增减"一经提出，便为各地中学摆脱《中学校令施行规则》提供了借口，成为1922年新学制改革采用分科制和选科制的先声。

回顾近代中学课程分合的历史可以看出，从1903年"癸卯学制"规定中学

---

① 陈学恂主编：《中国近代教育史教学参考资料》（中），北京：人民教育出版社，1987，第224页。

堂实行统一课程，到 1909 年进行文实分科，从 1912 年蔡元培取消文实分科，到 1915 年袁世凯短暂恢复文实分科，再到 1922 年新学制中采用分科选科制。可以说近代中学分科、合科设置呈现出了钟摆现象：课程的统一性与多样性像"钟摆"一样循环往复，即一段时期以课程的统一性为主，另一段时期以课程的多样性为主，两种设置交替出现，这一现象是值得深入研究的。我们应当看到，中国近代中学课程分合的历史演变也是逐步走向进步和完善的过程。民初蔡元培以构建完全人格为教育目标，对清末文实分科的课程体系进行改革，使之逐步适应教育近代化的发展要求，注重国民教育的完整性和基础性，在培养目标上与清末"癸卯学制"实行统一的课程编制存在明显的不同，是在其基础上推陈出新，以克服其弊端，其进步性显而易见。而 1922 年新学制的出现又是对民初统一课程存在弊端的纠正。这是否意味着蔡元培取消文实分科之举已经不合时宜了，没有值得借鉴的地方了呢？答案是否定的。从本质上看，上述几次关于文实分科的争论主要涉及两个问题：一是普通教育升学与就业之间的矛盾，二是促进学生个性发展与全面发展之间的关系，而这两个问题并非单纯依靠分科与合科就能调和其中的矛盾。蔡元培坚持认为教育应当摒弃片面追求升学，而应以促进学生的全面发展为主。在蔡元培看来，无论是普通教育还是高等教育，都应当以沟通文理实现人格的健全发展，时至今日，这一观点仍然值得我们借鉴。

列宁认为："发展似乎是在重复以往的阶段，但它是以另一种方式重复，是在更高的基础上重复。"[①]中国近代课程设置分合的历史正符合马克思主义文化理论关于在否定中继承、在继承中否定的辩证发展规律，从而推动教育改革发展达到一个新高度。蔡元培取消文实分科正是建立在对清末学制的扬弃与改革的基础上，"不是单纯的否定……而是作为联系环节，作为发展环节的否定"[②]。同样，1922 年新学制采用分科选科制也是对蔡元培课程改革的辩证的扬弃和发展。无论分科与否，都应该抛弃以升学为指挥棒，而以人格的健全和人的全面发展为目的。

---

① 黎澍主编：《马克思 恩格斯 列宁 斯大林论历史科学》，北京：人民出版社，1980，第 258 页。
② 黎澍主编：《马克思 恩格斯 列宁 斯大林论历史科学》，北京：人民出版社，1980，第 258 页。

三、完全人格教育思想在北京大学的践行

蔡元培一生重视教育，尤其重视高等教育。他认为，"一地方若是没有一个大学，把有学问的人团聚在一处，一面研究高等学术，一面推行教育事业，永没有发展教育的希望"[①]。蔡元培出任北京大学校长，与他一生所追求培养"完全人格"的教育理想是密不可分的。1917年至1922年蔡元培亲自主持北京大学校务期间，始终都在强调人格养成的重要性，全力将北京大学从贩卖知识的场所变成研究高深学问、追求高尚修养的学府。

（一）"兼容并包"与培养学问家人格

尽管蔡元培到任前的北京大学先后有严复、马相伯、胡仁源等知名人士担任校长，"都致力于使大学摆脱封官荫职欲望的驱使"，但由于积弊深重，并未能彻底扭转北大的腐败局面[②]。北京大学成为真正现代意义上的大学则始于蔡元培。他秉承兼容并包精神改革北京大学，使北京大学焕然一新，成为中国学术界和思想界的灯塔。

1. 大学作为研究高深学问的机关

蔡元培治理前的北京大学就因学风腐败、官僚积习深重，常为社会所诟病。根据当时正在北京大学就读的顾颉刚所回忆，北大"像个衙门，没有多少学术气氛"[③]。当时北京大学的教员中有不少人是由政府官员兼任，有些人无心学术，敷衍塞责，年复一年把旧讲义在课堂上照本宣科读一遍，不求更新；有些人则因循守旧，墨守讲义，不允许学生有新思想、新见解。同样，在此氛围熏习下很多学生不学无术，浑噩度日，把大学当作"贩卖毕业证书的机关"[④]。1917年1月蔡元培在就任北京大学校长的演讲中开宗明义，阐明了对北京大学的定位，即"大

---

① 中国蔡元培研究会编：《蔡元培全集》（第4卷），杭州：浙江教育出版社，1997，第733页。
② 应星：《新教育场域的兴起1895—1926》，北京：生活·读书·新知三联书店，2017，第107页。
③ 李权之主编：《北大老照片》，北京：中国对外经济贸易出版社，1998，第19页。
④ 中国蔡元培研究会编：《蔡元培全集》（第3卷），杭州：浙江教育出版社，1997，第700页。

学者，研究高深学问者也"①。在此后每年的开学演讲中，蔡元培都会反复强调大学的性质和宗旨。他在 1918 年开学演讲中重申，"大学为纯粹研究学问之机关，不可视为养成资格之所，亦不可视为贩卖知识之所。学者当有研究学问之兴趣，尤当养成学问家之人格"②。1922 年，他在开学日演讲中又一次强调"本校的宗旨，每年开学时候总说一遍，就是'为学问而求学问'"③。

蔡元培把大学定位为"研究高深学问的机关"是与他培养完全人格的教育主张相联系的。尽管科举制度已经被废除十余年，但是科举时代延续下来的学而优则仕的积习依然在大学中延续。为了彻底转变学生熬资格、混文凭的科举思维模式，蔡元培要求学生抛弃志在升官发财的求学观念，培养研究学问的兴趣。对学生来说，读书并不是死记硬背现成的知识，而是养成自动学习、研求知识的思维能力，培养学问家人格。正如梁柱教授所指出，"求学的宗旨，实际上是一个人生目的问题，这是人生观的核心问题"④。对于教师而言，教学不仅仅是传授知识的手段，更是开启学生心智的重要途径，因而要把教育与学生人格的发展、知识的更新联系起来，不能把大学作为灌输知识的场所。蔡元培把大学定位为师生共同"研究学理的机关"是对大学性质认识的根本转变，具有十分重要的意义。

2. 不拘一格延揽人才

兼容并包、网罗各界优秀人才到北大任教是蔡元培出任校长后推行的一项重要改革。蔡元培认为知识在不断发展和更新，因此教学就不能仅仅满足于传授现成的知识，而是要通过不懈地研究去探索发现新的知识，以知识的更新推动教学的更新，培养出更多人才。而培养人才最有效的方法就是激发学生自动研究的兴趣。因此他要求教员"不但是求有学问的，还要求于学问上很有研究的兴趣，并能引起学生的研究兴趣的"⑤。这就要求教师不仅自己要把教学和研究结合起来，同时也要重视培养学生的研究兴趣。为此，蔡元培以"热心"和"积学"为标准，

---

① 中国蔡元培研究会编：《蔡元培全集》（第 3 卷），杭州：浙江教育出版社，1997，第 8 页。
② 中国蔡元培研究会编：《蔡元培全集》（第 3 卷），杭州：浙江教育出版社，1997，第 382 页。
③ 中国蔡元培研究会编：《蔡元培全集》（第 4 卷），杭州：浙江教育出版社，1997，第 768 页。
④ 梁柱：《蔡元培教育思想论析》，北京：高等教育出版社，2006，第 87 页。
⑤ 中国蔡元培研究会编：《蔡元培全集》（第 3 卷），杭州：浙江教育出版社，1997，第 700-701 页。

不拘一格广泛延揽人才，使北京大学成为名副其实的最高学府。

一方面，蔡元培知人善任，积极充实北大的教师队伍。他到任后不久，便邀请以新文学见长的陈独秀担任文科学长，物理学家夏元瑮担任理科学长，李大钊担任图书馆主任。一时间，胡适、鲁迅、钱玄同、刘半农等具有新思想的学者云集北大文科。一批从欧美学成归来的杰出学者如李四光、任鸿隽、翁文灏、何杰、颜任光等加入理科，把西方近代自然科学较为系统地输入中国。此外，法科也一改由政府官员兼课的传统，聘请马寅初、陶孟和、陈启修等学者加入北大。其中，马寅初刚从美国留学归来，便被蔡元培聘为经济学教授。正因为蔡元培求贤若渴，聘请了一批具有真才实学的高水平教师，在北京大学才形成了崇尚学术的良好氛围，满足了青年学生的求知欲。

蔡元培唯才是举，不问资格、年龄。胡适因发表《文学改良刍议》名噪一时，留美归来即被聘为北大文科教授，当时他只有二十七岁。同样，梁漱溟被聘请到北大任教时只有二十四岁。蔡元培看到梁漱溟在《东方杂志》发表的《究元决疑论》后，对他的佛学造诣印象深刻，便决定破格聘用这位只有中学学历的青年到北京大学讲授哲学。此外，蔡元培还开创了邀请西方知名学者来华讲学的风气。他在任校长期间，积极邀请杜威、罗素、杜里舒、泰戈尔、班乐卫、桑格夫人来华讲学或做学术演讲。他在欧洲考察教育时，还亲自拜访居里夫人和爱因斯坦，邀请他们来华讲学，后二人因时间原因未能成行。

另一方面，蔡元培始终坚持以严格标准来选用教员。蔡元培顶住来自各方的压力，对那些学术水平低下、师德败坏，不宜在大学任教的中外教员一律依据合同予以解聘。其中一些有背景的外籍教员扬言要诉诸法庭，甚至惊动了外交当局，蔡元培也毫不畏惧。他严格坚持以学术造诣为标准评聘教员。"至于个别道德沦丧，毒化校风的学林败类，他则坚决予以除名，摒之于校园之外。"[①] 正是因为有了这样一批知名学者、学术中坚汇集于北京大学，才使得北京大学真正成为全国的学术重镇，培养出一批优秀人才。

---

① 张晓唯：《蔡元培评传》，南昌：百花洲文艺出版社，2015，第52页。

（二）确立以文理为主的大学学科格局

蔡元培从"大学为研究高深学问"的宗旨出发，坚持学术至上原则，对北京大学的学科设置进行了系列改革，以践行培养完全人格的教育理念。他在对大学学科格局进行改革的过程中，充分借鉴德国大学学术分治的特点。他指出："窃查欧洲各国高等教育之编制，以德意志为最善。其法科、医科既设于大学，故高等学校中无之。理工科、商科、农科，既有高等专门[学校]，则不复为大学之一科。"[①]因此在对待学与术的问题上，蔡元培提出"学与术可分为两个名词，学为学理，术为应用。……学必借术以应用，术必以学为基本，两者并进始可。"[②]基于上述主张，蔡元培对北京大学的学科格局进行了调整和改革。

1. 重视纯粹理论研究

蔡元培致力于把北京大学打造成以理论研究为主的文理综合性大学。他主张"学为基本，术为支干"，二者相辅相成，密切关联，但在学与术之间，蔡元培认为理论科学比应用科学更为基础。他指出："文、理两科是农、工、医、药、法、商等应用科学的基础，而这些应用科学的研究时期，仍然要归到文、理两科来。"[③]因此他计划把北京大学由文、理、法、商、工五科调整为文、理综合大学。

北京大学偏于文理两科的设置曾引起学界的热烈讨论，其中周春岳的观点比较有代表性。他在《大学改制之商榷》中比较欧美大学的学科设置后得出："西文之大学（University），原意为教授高等学术各科之综合体。故言大学，即联想分科。分科无定，多多益善，大规模的集合组织，与分工之原则，相辅而行，现代文明社会之特征也。欧美各邦大学，罕见限于文、理二科。"[④]对此，蔡元培专门撰文陈述北大改制的理由：一是由于中国普遍存在着重术轻学、重工轻理的认知偏狭，文、理两科的发展相对迟缓。"六年以来，除国立北京大学外，其他公立、私立者，多为法、商等科，间亦兼设法科、工科，均无议及文、理二

---

① 中国蔡元培研究会编：《蔡元培全集》（第3卷），杭州：浙江教育出版社，1997，第255页。
② 中国蔡元培研究会编：《蔡元培全集》（第4卷），杭州：浙江教育出版社，1997，第339页。
③ 中国蔡元培研究会编：《蔡元培全集》（第7卷），杭州：浙江教育出版社，1997，第503页。
④ 中国蔡元培研究会编：《蔡元培全集》（第3卷），杭州：浙江教育出版社，1997，第295页

科。"① 二是由于科举遗风尚未彻底清除，很多人将法科、商科作为升官发财的捷径，因此对于法、商两科趋之若鹜，很少有人愿意选择文科，选择理科的人更是少之又少。这一现象并非北大所独有，而是民初教育界的一种普遍现象。可见，蔡元培将北京大学定位为文、理为主意在加强大学基础理论教育和基础科学研究，具有极强的现实针对性。

实际上，蔡元培重视发展文、理二科显然是受德国古典大学注重纯知识、纯学理研究的影响。德国古典大学重视学生的心智训练和人格养成，旨在通过科学（Wissenschaft）探求、个性与道德的教养来实现人的自由、全面的发展。这里所说的"科学"不同于自然科学等经验科学，更是超越于实用技术，而指向了纯科学，即哲学。因此，德国高等教育分为大学和专门性高等学校两类，前者专注于纯粹学理的研究，后者注重培养各种实际应用型人才。受德国古典大学理念影响，蔡元培在大学改制过程中也始终坚持学、术分治的理念。他提出："治学者可谓之'大学'，治术者可谓之'高等专门学校'。两者有性质之别，而不必有年限与程度之差。"② 他希望把北京大学改造成为最高学府，学生能够摒弃功利的观念，专注于研究纯粹学理，而不是把北京大学作为职业训练场所。为此，他对北大现有学科进行了大刀阔斧的改革。

他首先在文理两科原有基础上，增设中国史、俄国文学和地质学三门，以扩展文、理两科实力。其次，考虑到北大法科较为完备，蔡元培计划把法科和专科并成一科，组成专授法律的单科大学。但因为法科方面的反对，这一计划没有实现。再次，取消工、商两科。蔡元培率先打破北京大学与北洋大学的界限，做通盘考虑，把北京大学的土木和矿冶两门并入北洋大学，把工科节省下来的经费用于发展理科。最后，废商科改为商业学，归入法科。经过上述调整和改革，北京大学由原来的文、理、法、工、商五科改为文、理、法三科，文理两科的实力和规模得到增强，使北京大学成为以文、理两科为主的综合性大学。

蔡元培还开创了在大学设置研究所的先河。他以德国大学模式为蓝本，率先

① 中国蔡元培研究会编：《蔡元培全集》（第3卷），杭州：浙江教育出版社，1997，第291页
② 中国蔡元培研究会编：《蔡元培全集》（第3卷），杭州：浙江教育出版社，1997，第291页。

在北大创办研究所，激发学生主动研究学术的精神，使大学不再局限于教师"教"和学生"学"，而是为富于学术兴趣的高年级学生创造良好的学术研究环境，让师生共同成为学术研究者。他特别强调"大学的责任，本不但在养成一种人才，能以现在已有的学术，来处理现在已有的事业，而在乎时时有新的发见与发明，指导事业界，促其进步"①。在蔡元培看来，在大学重视学术研究并不等于割裂与社会的联系。大学教育的重要性恰恰在于"引起学生自尊人格"和"服务社会的精神"②。他之所以强调学术研究的重要性，是在于"服务社会的能力，仍是以学问作基础"③。尽管蔡元培主张大学是研究高深学问的机关，应当追求非功利的纯粹科学，但是学术研究与培育健全人格的教育理念并不对立，而是相辅相成。蔡元培认为，"研究学理的结果，必要影响于人生。倘没有养成博爱人类的心情，服务社会的习惯，不但印证的材料不完全，就是研究的结果也是虚无。"④由此可见蔡元培对于大学的定位与他的育人理念是相互贯通的。他正是从提高师生研究学术的兴趣、培养服务社会的精神出发来改革大学教育，培养大学生的完全人格，这也是他积极推动大学学科改制的初衷。

2. 融通文理学科界限

废门改系、加强文理学科融通也是蔡元培在北京大学进行学科改革所采取的一项重要举措。多年来他一直游走于中西学术文化之间，敏锐地洞察到近代以来不同学科之间相互渗透、相互融合的趋势不断加强。蔡元培认为自然科学与社会科学、人文科学之间有许多相通之处。如地理学中包含着地质、历史、美术、社会等诸多学科，人类学包含生物、地理、历史、心理等学理。事实上，他已经预见到大学文理分科可能产生的流弊。在蔡元培看来，中国学者常常把文理两科分开，守一家之言而排斥其他："治文学者，恒蔑视科学，而不知近世文学，全以科学为基础"；"治自然科学者，局守一门，而不肯稍涉哲学，而不知哲学即科

---

① 中国蔡元培研究会编：《蔡元培全集》（第5卷），杭州：浙江教育出版社，1997，第413页。
② 中国蔡元培研究会编：《蔡元培全集》（第5卷），杭州：浙江教育出版社，1997，第413页。
③ 中国蔡元培研究会编：《蔡元培全集》（第4卷），杭州：浙江教育出版社，1997，第189页。
④ 中国蔡元培研究会编：《蔡元培全集》（第3卷），杭州：浙江教育出版社，1997，第701页。

学之归宿，其中如自然哲学一部，尤为科学家所需要。"① 如果学生只接受单一学科的教育，那么学生思想的深度和广度必然受到局限，很难具备全面的知识，难以养成知、情、意协调发展的健全人格。如"理科学生势必放弃对哲学与文学的爱好，使他们失去了在这方面的造诣机会。结果他的教育将受到机械论的支配……认为客观上的社会存在形式是一回事，而主观上的社会存在形式完全是另一回事"②。同样，如果文科生因想避难就轻易放弃学习理科，就无法掌握哲学的概念，导致无法认识事物的本质，毕竟哲学与科学密切相关。因此，蔡元培始终强调文、理沟通的重要性。

为此，蔡元培进一步推行废门改系，即废除文、理、法科之名，改设十四个学系，其中包括"数学系、物理系、化学系、地质学系、哲学系、中国文学系、英国文学系、法国文学系、德国文学系、俄国文学系、史学系、经济系、政治系、法律系"③。废门改系意在破除门户之见，打破不同知识领域之间的壁垒，相互取长补短。为此，蔡元培还在北大推行选科制，要求学文者兼习理科基础知识，而学习理科者兼习文科的基础知识，这对于丰富学生的知识层次，促进人格健全发展具有重要作用。

（三）扶持学生社团，鼓励百家争鸣

蔡元培对完全人格教育思想的践行不仅体现在他对北大课程体系和教学内容进行大刀阔斧的改革上，同时还融入学生的课余活动中，使得其教育思想更加具体化、更加鲜活地在实践中得以施展。他在执掌北京大学期间，本着"思想自由、兼容并包"原则，从改革学生观念入手，通过鼓励学生组建、参与社团活动，把学生的课余兴趣引导至有益于身心的活动中来。这显然与其养成完全人格的教育理念是相联系的，也是蔡元培以育人成人为初心的生动实践。

---

① 中国蔡元培研究会编：《蔡元培全集》（第3卷），杭州：浙江教育出版社，1997，第451页。
② 中国蔡元培研究会编：《蔡元培全集》（第5卷），杭州：浙江教育出版社，1997，第312页。
③ 梁柱：《蔡元培教育思想论析》，北京：高等教育出版社，2006，第102页。

1.陶冶道德情操，整顿校风校纪

蔡元培不仅在学理上对道德教育有着深刻的理解，而且十分重视道德教育的实践性和个人行为的自律性。他强调："道德不是记熟几句格言，就可以了事的，要重在实行。"[①] 在蔡元培治校前，北京大学就因校风腐败而饱受非议。当时社会上就流传着"两院一堂"的称号，其中"一堂"就是指北京大学的前身，京师大学堂。学生中有意于研究学术的不多，吃花酒、捧名角、嗜好赌博的却不在少数。蔡元培对此深恶痛绝，因而他极力矫弊易俗，整顿腐败校风。1917 年蔡元培在《就任北京大学校长之演说》中就要求学生砥砺德行，养成完全人格。因而他鼓励学生开展高尚的文体娱乐活动，来丰富课余生活，培养学生良好的道德风尚。

1918 年 1 月，蔡元培在北大组织发起进德会。该组织以"不赌、不嫖、不娶妾"三项作为基本条件，对于会员入会前的行为既往不咎，入会后则需严格自律，接受监督。进德会的成立在北大师生中产生了强烈反响，不仅大部分教职员工都加入其中，同时也得到学生们的积极响应。经过蔡元培的热心提倡，北京大学师生精神风貌有了明显改善，青年学子通过参与有益身心的课余活动，道德修养也得到不断提升。他在北京大学为提高学生道德修养，提振学生精神风貌而开展的一系列课余活动，便是他坚持以德育为完全人格之本的反映。

中国近代知识分子群体中强调公民道德教育的不在少数，然而其中有不少人只是把号召新道德当作救亡图存的一种政治手段，进行空泛宣传，而对自身行为毫无约束。蔡元培则不同于此，他以学生养成健全人格为目标，从国家、民族强盛的高度，来考虑国民道德建设的问题，同时坚持行为世范，以其自身的道德力量来感化人。正如陈独秀所评价："他从来不拿道德向人说教，可是他的品行要好过许多高唱道德的人。"[②]

2.创办学术团体，激发研究兴趣

蔡元培积极提倡"学者当有研究学问之兴趣，尤当养成学问家之人格"[③]。在

---

① 中国蔡元培研究会编：《蔡元培全集》（第 4 卷），杭州：浙江教育出版社，1997，第 261 页。
② 中国蔡元培研究会编：《蔡元培纪念集》，杭州：浙江教育出版社，1998，第 151 页。
③ 中国蔡元培研究会编：《蔡元培全集》（第 3 卷），杭州：浙江教育出版社，1997，第 382 页。

他的支持下，新闻学研究会、马克思学说研究会、国民社、新潮社、雄辩会等各种旨在提高学生自主研究学术兴趣的组织相继成立。其中，北京大学新闻学研究会是一个极具特色的学术研究团体。当时北大学生邵飘萍给蔡元培写信，倡议设立新闻学会。蔡元培欣然同意并亲自为研究会拟就章程。1919 年 2 月研究会召开改组大会，正式将"新闻研究会"定名为"新闻学研究会"。虽然会名仅一字之差，但是后者更加凸显了学术研究的意味，使研究会的学术导向更加鲜明，这也是蔡元培对"大学为研究高深学问之机关"教育理念的生动实践。1919 年 10 月 16 日，北京大学新闻学研究会举行毕业典礼，向五十五名参加听课的学员颁发了证书，而毛泽东的名字就出现在听讲半年之证书者名单上。1936 年，毛泽东同美国记者埃德加·斯诺谈话时不忘提及他在北大新闻学研究会学习的这段经历。他回忆说："特别是邵飘萍，对我帮助很大。他是新闻学会的讲师，是一个自由主义者，一个具有热情理想和优良品质的人。"[①] 可以说，在北大新闻学研究会学习研究的经历为毛泽东日后创办《湘江评论》《新湖南》等报刊奠定了理论基础。

除了上述采取的旨在激发学生自主研求学术兴趣的措施外，蔡元培还协助创办了校役夜班、平民教育讲演团和平民学校，以贯彻他始终坚持的启发民智、培养人才、塑造健全人格的教育思想。在蔡元培先生的呼吁和支持下，北京大学校役夜班和平民夜校相继开学，为更多校内或附近的工人、平民提供了受教育的机会。蔡元培在演说中强调："一种社会，无论小之若家庭，若商店，大之若国家，必须此一社会之各人皆与社会有休戚相关之情状，且深知此社会之性质，而各尽其一责任。故无人不当学，而亦无时不当学也。"[②] 为了增进平民知识，唤醒其自觉心，在蔡元培的支持下，由北大学生邓中夏、张国焘、黄日葵、许德珩等人发起成立了平民教育讲演团，进一步把教育推向社会。他们采用演讲的形式向工农传播科学文化知识，宣传爱国思想，在社会中引起了不小反响。可以说，蔡元培对平民教育的支持是他一贯坚持养成国民健全人格、重视民智启蒙的重要体现。这些举措作为激发学生自主的精神、养成服务社会的能力的重要途径，进一步加

---

① [美] 斯诺：《西行漫记》，董乐山译，北京：新华出版社，1984，第 131 页。
② 中国蔡元培研究会编：《蔡元培全集》（第 3 卷），杭州：浙江教育出版社，1997，第 285 页。

强了学校与社会的联系，对于促进青年人的觉悟更是有益的，同时也为促进五四时期北大青年学子走上与工农相结合的道路起到了重要作用。

3. 提倡体育运动，强健学生体魄

蔡元培积极鼓励学生参加体育锻炼。他认为："研究学理，必要有一种活泼的精神，不是学古人'三年不窥园'的死法能做到的。"[1] 他主张通过体育、智育、德育和美育的和谐发展，使得生理、身体与心理、精神相协调，来培育健全的人格。在蔡元培治理北大前，学生对于体育向来并不重视。当时仅有预科每周开设了两个小时的体操课。实际上，学生要么不去上课，即使来上课也是长袍大褂，根本谈不上体育锻炼。青年学生当中弯腰曲背、弱不禁风的不在少数，缺少青年气概。蔡元培主持校务后，积极提倡学生参加体育锻炼和军事训练。在他的支持下，技击会、静坐会、体育会等各类体育团体相继成立，为学生提供了有益身心的活动。

1917 年 5 月，以"强壮体格研究我国固有之尚武学术"为宗旨的技击会正式成立，学生们推选蔡元培担任名誉会长。蔡元培还专门拨给他们五间房屋作为活动场地，以供他们在课余时间开展拳术锻炼。在蔡元培的支持和带动下，技击会在北大的影响逐渐从预科扩大到本科，越来越多的学生开始参加体育锻炼。1917 年 12 月，由夏宗淮等十名学生发起成立体育会，该社团"以练习各种运动技术强健身体为宗旨"，由此北京大学开始了较为系统的球类和田径训练。蔡元培竭尽所能支持体育会的活动，他不仅邀请马寅初、陈启修等热心体育的教员加入体育会，还将征收的体育费移作活动经费，扩充体育设备，先后建立台球室、乒乓球室、游艺室、体操场、游泳池等场地，同时还购置马匹供学生进行马术训练。1918 年，学生还发起成立静坐会，提倡以静坐的方式修养身心。1922 年，北京大学举办全校性的春季运动会，不仅学生们积极参与比赛项目，不少教职工也在运动会中担任重要职务，如校长蔡元培亲自担任主席，教务长顾孟余担任裁判长，以鼓励学生们积极参与体育活动。

---

[1] 梁柱：《蔡元培教育思想论析》，北京：高等教育出版社，2006，第 263 页。

值得注意的是，二十世纪初叶中国长期动荡不安的社会环境，也是影响中国人认识体育的重要因素之一，这一点也反映在蔡元培所开展的体育和军事训练活动中。蔡元培不仅积极组织学生社团活动，激发学生参加体育锻炼的兴趣，同时还开展了一系列军事训练，勉励青年健全体魄，为保家卫国做准备。其实早在蔡元培主持爱国学社期间，他就重视对社员实行体育和军事训练，他本人剪短发与社员共同操练，躬身实践其尚武自强的主张。1922年直奉战争爆发之际，蔡元培仿照欧洲军国民的形式，在北大组建了一个学生军事体育团体，聘请蒋百里等军事专家来校授课，组织学生开展体育和军事演练，以唤醒青年尚武、爱国的精神。尽管蔡元培早已敏锐地洞察到军国民训练并非一种理想的教育内容，甚至"在他国已有道消之兆"，但鉴于中国外有强邻交逼，内有军阀混战，"亟图自卫"的时势需要，特别是针对中国国民体质不发达、习于文弱的特点，他提议应加强体育和军事军训，达到御侮自强的目的①。蔡元培所采取的这些举措是与他一贯的爱国主张相一致的。

在蔡元培的支持下，各类体育团体竞相成立，丰富、健康的体育活动逐渐取代了低级趣味，使学生的课余生活变得更加充实，人格更加健全。蔡元培重视体育，推动人格健全发展的思想主张和实践，至今仍值得借鉴。

4.开展美育实践，美化学生心灵

蔡元培完全人格教育思想中，美育占据了十分重要的地位，然而蔡元培对于美育的重视并未停留在口笔宣传和课堂讲授，他更加重视在实践中发挥美育塑造学生美好心灵、促进社会发展的功能。从他所开展的一系列社团活动就能够清楚地看到蔡元培身体力行地倡导美育、实施美育。他通过举办音乐、美术等活动来提高学生的音乐、绘画和美术素养，丰富学生的课外文化艺术生活，养成学生团结和谐、彼此关爱的品德。蔡元培不仅终生倡导美育，也在终生实践美育。

北大音乐会原本是由几位对音乐感兴趣的学生发起的课外活动组织，由于缺少专业指导，社员的艺术水准没有明显提升。于是学生向蔡元培寻求帮助，希望

---

① 中国蔡元培研究会编：《蔡元培全集》（第2卷），杭州：浙江教育出版社，1997，第9页。

得到蔡校长的支持。在蔡元培的支持下，1918年6月，音乐会改组为乐理研究会，由他本人亲自拟就章程，旨在"敦重乐教，提倡美育"。1922年，乐理研究会改组为音乐传习所，蔡元培鼓励凡对音乐有兴趣的师生都可以加入乐理研究会，共同研究乐理，培养热爱音乐的人才。乐理研究会或音乐传习所定期举办不同规模的演奏会。蔡元培对这些活动非常关心，每逢音乐会他本人必出席予以支持。1919年4月19日，乐理研究会在东城青年会演讲厅举办了首场音乐会，蔡元培亲临现场并担任主持。这场演出受到社会各界的积极欢迎，《晨报》对此次盛况进行了报道：演出开始前，"青年会门前车马如云，会场则楼上楼下不到开会时间便已满席，后至者无容之地"①。演奏会取得了空前成功，赞美之声不绝于耳。"如此盛会，在北京混浊之社会中可谓得未曾有，倘能时时演奏，不但有益于国民审美之知识，亦可增进其高尚之精神也。"②同样的盛况也出现在传习所为庆祝北京大学成立二十五周年所举办的演奏会上。演奏会受场地的限制，所能提供的入场券数量并不足以容纳全体学生，然而这并没有阻拦学生们对于音乐会的热情。演奏开始前，第二院大礼堂座无虚席，里里外外被围得水泄不通。蔡元培在得知这一情形后，面向听众解释原因，并和蔼地请没有持券的同学一律退出，先请有入场券的同学入场。只见台下一百多名没有入场券的同学都一一起立，依次有序地退出，演奏会按照计划准时开幕。通过这件小事可以看到，北京大学学生的精神风貌在蔡元培治校期间得到了极大的改观，通过一系列美育实践，学生的兴趣爱好变得更为健康、高雅，同时对培养学生良好的道德风尚也都起到了积极作用。这些变化是对蔡元培革故鼎新实际效果的生动呈现。

北京大学的书法研究会、画法研究会同样得到蔡元培的大力支持。他本人竭尽所能为研究会活动创造条件。他不仅聘请陈衡恪（师曾）、徐悲鸿、贺履之、汤定之等校外书画名家担任导师指导学生，还想方设法为研究会募捐经费。可以说，蔡元培为了能够切实实施美育，多方筹划、亲自组织，为学生提供了高尚的文体、娱乐活动，从而达到丰富人的精神生活，改善、净化社会风气的目的。这

---

① 《昨夕北大音乐会之盛况》，《晨报》，1919-11-14：（2）。
② 《昨夕北大音乐会之盛况》，《晨报》，1919-11-14：（2）。

在当时日益混乱的社会环境中，无疑具有很强的现实意义。正如李静所指出，"作为教育家，他的教育思想一个最突出、最鲜明的特点，是在中国近代教育史上不仅率先施行美育，毕生提倡美育，而且亲自实践美育。"[①]

总之，正是由于有了蔡元培的大力扶持，北大学术自由风气大开，各类学生社团如雨后春笋般竞相成立，不同学说、流派自由争鸣，马克思主义的学说也在中国最高学府首次登上讲台。在这种宽松的氛围下，学生个性得到解放，使北京大学呈现出生机勃勃的景象。这对于提高学生的自主、自动、自立精神，净化校园风气，促进学生人格健全发展，起到了不可忽视的作用，同时也为新思想、新观念、新文化的传播开辟了道路。蔡元培革新北大所产生的意义，已经远远超出一校的范围而影响全国，成为新文化运动的摇篮。

小结

蔡元培是中国近代新教育、新文化、新学术的领导人物。他将塑造完全人格的理想追求贯彻于创建新教育、开拓新文化、推动中国社会变革的实践历程之中。

作为民国首任教育总长，他提出"五育并举"的教育方针，并以此为蓝本促成了中国第一个现代教育方针的确立；他领导制定现代学制，初步构建出从小学、中学到大学，从普通教育、专门教育到实业教育的现代人才培养体系；他宣布大学废止经学科和取消中学文实分科，打破中体西用的思维框架，为培养完全人格提供了新知识结构、新的价值观念和新的人生理想。

作为影响力最大的北大校长，他以现代大学理念改造北京大学，将学术研究作为大学的重要使命，培育学问家人格，集聚时代精英，使北大成为中国现代大学的灯塔；他致力于学风、校风建设，扶持社团活动，使北大呈现出鱼跃于渊的生机气象；他践行"思想自由、兼容并包"精神，传播新思想、新文化，使北大成为新文化运动的摇篮，同时也使完全人格教育思想在实践中得到了检验，并得

---

① 李静：《北大的美育传统与音乐教育》，《北京大学学报（哲学社会科学版）》，2001（5），第141页。

到进一步丰富和发展。

通过对上述重大实践活动的分析，可以看出蔡元培有别于一般教育家最显著的特点在于他兼具现实主义与理想主义，体现出了强烈的爱国热情和人文情怀。一方面，在中华民族的至暗时刻，他直面中国将向何处去的时代主题，以教育救国为己任，积极推动中国教育现代化进程，培育堪当实现国家富强和民族复兴大任的现代人才。另一方面，在开展具体教育改革的实践中，他始终坚守塑造完全人格的教育理想，关注人的全面发展，并从人、教育与社会的综合视野来考量如何培养现代的、中国的、新文化的、本体意义上的人。他始终把教育和文化的革新进步看作人的内在发展的要求，作为人格完善和人性提升的途径。他认为只有人真正实现了自我突破和超越，能够从制度的束缚中获得解放，人才能获得真正的尊严。同时他知人善任，能够将自己的教育理想、教育使命和教育责任具体化为各项教育政策、制度、办法，并将之运用于具体的教育实践中。正因如此，蔡元培也成为我国近代教育发展史上影响最为深远的教育家。

第四章
蔡元培完全人格教育思想的意义与局限性

从马克思主义的相关理论出发，蔡元培教育思想，特别是其完全人格教育思想具有什么样的重要意义？又存在什么问题？这是本书在分析了蔡元培的完全人格教育思想及其实践之后要进一步讨论的内容。

一、马克思主义视域下的完全人格教育思想

马克思有关人格的思考是马克思主义文化理论的重要组成部分，其核心指向人的全面发展和人的解放。要立足于马克思主义文化学视域来考察蔡元培完全人格教育思想的意义和局限性，有必要先简要回顾马克思主义文化理论中有关人格和人的全面发展的相关论述，从而为评析完全人格教育思想提供一个理论参考系。

（一）人格与人的全面发展

1. 马克思关于人格的思考

马克思对人格的认识和思考有着自己独特的视角和深刻的理解。他在接续和批判康德、黑格尔、费尔巴哈等哲学家相关思想的基础上形成了对人格更为全面和深刻的理解。

首先，马克思把人视为社会关系的总和。他指出："人的本质并不是单个人所固有的抽象物。在其现实性上，它是一切社会关系的总和。"① 而人格作为人之为人的资格，必然也需要回到社会关系中来认识。因此，把人和人格看作社会关系的总和是马克思主义与非马克思主义学者在人格问题上的根本区别。人格作为社会的产物，必然会受到现实的社会关系的制约，离开现实的社会生活来抽象地谈论人格，最终只能落为空谈。此外，人格也必然会随着社会生活的变化而变化，始终处于发展之中。由此可以看出，人格不是固化的，而是可以通过后天的培育不断完善的。同时，人格并不是社会关系的消极产物，人格中所蕴含的积极的能动性，反过来同样也能够使人创造出更加丰富的社会关系。

---

① 《马克思恩格斯选集》（第 1 卷），北京：人民出版社，2012，第 135 页。

其次，人格是个性与社会性的辩证统一。马克思认为："人是一个特殊的个体，并且正是他的特殊性才使他成为一个个体，成为一个现实的、单个的社会存在物。"①马克思认为个性是人格的个体化，并强调通过个性解放使人获得价值和尊严。因而个性的解放，特别是个体能动性的发挥，是社会得以健全发展的必要条件。马克思虽然肯定人格个性化的合理性，但是认为个性是以人的社会存在为前提的，因而不同于个人主义的人格理论，后者把个性与社会性分离、对立起来，强调社会必须服务于个人人格。因此在人格的问题上，马克思所强调的是个性与社会性的辩证统一，二者相互联系、相互促进。

最后，人的主体性是通过实践活动确立的。马克思认为人区别于动物，在于人具有"自由的有意识的活动"，而这样一种活动是通过实践来展现的②。实践作为人所专属的活动方式，表现出人之为人（非动物或他物）的独特本质。人只有在现实的实践中才能展示出人格。马克思指出："从前的一切唯物主义（包括费尔巴哈的唯物主义）的主要缺点是：对对象、现实、感性，只是从客体的或直观的形式去理解，而不是把它们当作感性的人的活动，当作实践去理解，不是从主体方面去理解。"③一旦把对象、现实、感性当作实践去理解，从主体方面去理解，自然就会得出"全部社会生活在本质上是实践的"结论④。一方面，人的实践活动产生了"自然的人化"或"人化的自然"⑤。另一方面，人的主体性和人格只有在富有创造性的对象化实践过程中，才能得以全面、深刻地揭示其本质精髓。从这个意义上来讲，实践构成了人的最重要的本质属性。

2. 人的历史发展

马克思在《1857—1858年经济学手稿》中将人的历史发展过程分为"人的依赖关系""以物的依赖性为基础的人的独立性"和"自由个性"三个阶段⑥。可

①《马克思恩格斯全集》（第3卷），北京：人民出版社，2010，第302页。
②《马克思恩格斯文集》（第1卷），北京：人民出版社，2009，第162页。
③《马克思恩格斯选集》（第1卷），北京：人民出版社，2012，第133页。
④《马克思恩格斯选集》（第1卷），北京：人民出版社，2012，第135页。
⑤邹广文：《马克思文化哲学思想的展开逻辑》，《求是学刊》，2010（1），第31页。
⑥《马克思恩格斯文集》（第8卷），北京：人民出版社，2009，第52页。

见，人类社会发展的三个阶段实质上是人的主体性不断增强、人格不断完善的历史过程。因此，马克思所揭示的人的历史发展过程就是人格的历史发展过程，即一部从"人格依附"到"人格独立"再到"自由个性"的发展过程[1]。

在前资本主义社会，由于生产力不发达，人改造自然的能力有限，只能限定在基于血缘和地缘而形成的共同体当中。在这样的群体生活中，个人没有独立的意识，也不具备独立的人格，因而个人只能以群体的方式生存，由此形成了人与人之间天然的依附关系。进入资本主义社会，社会化大生产和商品经济的出现，打破了自然经济中人与人之间狭隘的依附关系，形成以商品交换为核心的普遍的社会关系，个人凭借着物而获得了独立性，但又导致了人对物的依赖。尽管在资本主义社会个体获得了独立人格，但并不是完善的人格，而是片面的人格。马克思预见只有进入共产主义社会，生产力实现高度发达，人才能从"对物的依附关系"中解放出来，开始"以一种全面的方式，也就是说，作为一个完整的人，占有自己的全面的本质"，最终形成完整的人格，实现人的全面发展[2]。

3. 人的全面发展

人的全面发展在马克思主义文化理论中占有极为重要的地位，是人格健全发展的价值旨归，也是人类社会发展的最终目标。人的全面发展的主要含义包括：

人的全面发展体现为人的完整发展。人的完整发展是相对于人的片面发展而言的。马克思认为异化是造成人的片面发展的主要原因之一。物化的自然必然对应着物化的人，使得人与自己的类本质相异化，导致了主体文化特性的丧失。异化导致人格扭曲，人自身的完整性遭受破坏。因此，成为完整的人必须通过对异化的扬弃，以全面的方式占有人的本质力量。因而，不能把人的完整发展当成人的各种素质的平均发展，而是指作为完整的人能够自由自觉地活动。

人的全面发展意味着人的和谐发展，包括了个人与他人、个人与社会，以及个人自身内部各个方面的和谐发展。从个人与他人的关系来看，人的全面发展是

---

[1] 李文堂：《马克思关于"人"的概念》，《南京大学学报（哲学·人文科学·社会科学版）》，2010（6），第13页。
[2] 《马克思恩格斯全集》（第3卷），北京：人民出版社，2010，第303页。

指人的社会特性在个人身上的充分体现。马克思认为人的发展从来就不是个体的简单发展。个人总是存在于一定的社会关系之中，并通过人与人之间的交往，从中获得启发，使自己变得更丰富、更完善。个人与社会的关系将在后面展开论述，兹不赘述。从个人自身内部的发展来看，全面发展包括人的各种素质和能力得到均衡的发展。均衡发展不是只有某一方面的才能得到发展，而其他方面不发展，而是指人的综合素质协调发展，否则就是畸形的发展。

人的全面发展指人的自由发展。自由发展主要体现在两个方面：一是指人的自由个性。陈志尚认为，"马克思讲的个人的自由发展，这种发展必然导致人的自由个性，这正是对人的个性差异性的肯定，它使人性丰富多彩地展现出来"①。二是指每个人的自由发展，即每个人都平等地享有发展的权利，而非一部分人。马克思指出："每个人的自由发展是一切人自由发展的条件。"②在这里马克思将个人的自由发展与理想社会结合在一起，他将这样一个理想社会称之为共产主义社会，是"一个更高级的、以每一个个人的全面而自由的发展为基本原则的社会形式"，这也是人的全面发展的最高追求③。

综上，马克思立于历史唯物主义和辩证唯物主义的立场，对人格进行了更加全面和透彻的研究，并且通过实践把人的发展与社会历史发展真正贯通起来，实现人对自己本质的真正占有，从而实现人的全面发展。马克思有关人格的思考和人的全面发展理论为科学地评析完全人格教育思想奠定了理论基础。

（二）完全人格教育思想的意义

通过对马克思主义相关理论的梳理和分析可以发现，其与蔡元培的完全人格教育思想在诸多层面存在相通之处，由此也凸显出蔡元培的完全人格教育思想具有重要的理论意义和现实意义。

---

① 陈志尚，等：《人学新论：马克思主义人学基本理论和重大现实问题研究》，北京：人民出版社，2015，第 180 页。
②《马克思恩格斯选集》（第 1 卷），北京：人民出版社，2012，第 422 页。
③《马克思恩格斯文集》（第 5 卷），北京：人民出版社，2009，第 683 页。

1. 完全人格教育思想的理论意义

其一，完全人格教育思想凸显了对人的主体性的自觉。完全人格教育思想最鲜明的特色在于它把人从对伦理和等级的依附关系中解放出来，重新确立人的主体性，实现对人自身的回归。蔡元培深刻地认识到人是具有最高意义的价值主体，而人的主体性主要体现在以下两个方面：一是人具有能动性。人的能动性体现为人不是被动地、消极地适应社会，而是能够主动去适应和改造人之外的世界。二是人具有创造性。人懂得运用自己的能力去改造世界，来满足人自身生存和发展的需求。完全人格教育思想的进步意义就在于它使曾经被伦理关系和等级关系所遮蔽的人的主体性得到了充分的彰显。蔡元培希望通过人格教育激发出国人对个体主体性的自觉，"使国人能思、能言、能行、能担重大之责任，创造进化的社会"①。

其二，完全人格教育思想体现了对人的完整性的追求。在蔡元培看来，人格是人之为人的主体资格，因而必须从完整性上来把握人格，而不是只关注人格的某一个维度或侧面。作为完整的人格至少要具备身心和谐、知情意统一、个性与群性调和三个方面，而这三个方面构成了人的肉体与精神、理性与感性、个性与社会性的多重关系，彰显出作为一个完整的人所蕴含的丰富性。同样，完整的人也是马克思主义哲学的一个重要命题。马克思和蔡元培对完整的人的追求存在相似之处绝非偶然，因为二者有着共同的理论源头，那就是德国古典哲学。德国古典哲学最突出的特色在于它彰显了人的整全性。如康德鲜明地提出了"人是目的"，而席勒则主张通过审美教育来成就完整的人。德国古典哲学对人的整全性的关注和追求为马克思和蔡元培理解人的完整性奠定了相近的思想底色，使得二者都把完整人的追求与理想社会的构建联系起来，充分彰显出人的丰富性和完整性。

其三，完全人格教育思想对推动个性解放和社会性的发展具有重要价值。近代以来，伴随个人价值不断受到重视，人们对个性解放的要求也愈发强烈。此外，

---

① 中国蔡元培研究会编：《蔡元培全集》（第 3 卷），杭州：浙江教育出版社，1997，第 550 页。

中西文化的急剧碰撞、交流也对中国人的价值观产生了重要影响。由此，培育具有鲜明个性的人，重新焕发出人本身的活力和创造力成为近代中国思想启蒙的重要使命。蔡元培以培育完全人格、塑造新人的方式有力地回应了人的解放的内在要求。他要求新教育要顺应人成长的自然规律，使人的一切潜能和个性得到自由、充分的发展。但同时他没有把个性和社会性对立起来，而是强调二者要统一于完全人格的建构过程中。蔡元培对人的个性与社会性关系的认识也与马克思具有相通之处。马克思同样强调个性与社会性之间是辩证统一的，即个性不能脱离社会性而单独存在，个性是社会性的存在；社会性也不能否定个性，而是有个性的社会性。在马克思看来，一个全面发展的人必然是个性与社会性统一的人。可见，蔡元培与马克思都把实现个性与社会性的统一聚焦于人本身，这无疑具有重要的理论价值和深远意义。

2. 完全人格教育思想的现实意义

马克思主义文化理论向人们展示了社会发展与文化演进之间相互作用、相互影响的辩证关系，让人们看到社会发展对文化演进产生决定作用的同时，也看到了文化对社会发展的能动的反作用，特别是先进文化对社会发展所产生的积极的助推作用。完全人格教育思想就是在近代中国社会转型背景下应运而生的一种先进思想文化，对提高国民素质、推动近代中国社会进步具有十分重要的现实意义。

一方面，完全人格教育思想为推动近代中国社会发展注入了活力。近代中国国门洞开以来，社会化大生产和商品经济的出现打破了在中国延续千年的自然经济，开始由以"人的依赖关系"为基础的农业社会向以"物的依赖关系"为基础的工业社会发生转型。社会形态的嬗变则需要有与之相适宜、相匹配的文化。完全人格教育思想就代表了一种顺应近代中国社会形态变迁的新文化。它通过新教育传播新思想、新文化，培育具有独立个体意识和完全人格的现代人，极大地激发了人的创造性，给社会发展注入了活力，推动了社会发展。

另一方面，完全人格教育思想有力地推动了近代中国人的思想解放。近代中国虽然开启了社会形态变迁的进程，开始逐渐从农业社会向工业社会过渡，但是近代社会形态的演进与中国人思想文化的演进并不是完全同步的，可谓是传统与现代错综复杂地交织在一起，而人的思想文化的落后必然会阻碍社会的发展。辛亥革命后，虽然大部分中国人的脚步已经迈进新的社会，但是其思想依然停留在过去，并没有完全从专制主义文化对其思想的禁锢中彻底解放出来。专制主义制度和文化剥夺了人的平等权利，贬低了人的价值，使人失去了最起码的尊严。完全人格教育思想把人作为最高的价值主体，希望通过实施新教育来解放人的思想，破除阶级制度对人的枷锁，把长期受专制政体压迫的中国人解放出来，赋予其自由、平等、民主的价值观。蔡元培并不是抽象地谈自由、平等，而是将批判的矛头直指专制制度及其文化，并通过颁布一系列具有鲜明民主主义性质的教育政令，如废止读经、废除跪拜孔子、禁用清政府颁行的各种教科书等，为新价值观的形成提供制度保障，引起了近代中国人价值观念的更新。正如列宁所指出的，"资本主义和封建主义相比，是在'自由'、'平等'、'民主'、'文明'的道路上向前迈进了具有世界历史意义的一步"[①]。

二、完全人格教育思想的局限性

马克思的一个重要观点就是"不是人们的意识决定人们的存在，相反，是人们的社会存在决定人们的意识"[②]。这一观点告诉我们任何历史人物的思想都是在现实的社会历史中形成和发展起来的，受历史方位和实践条件的制约，因此其思想的认识水平必然会存在一定的历史局限性。蔡元培作为一个历史人物，其教育思想的形成和发展也不例外，必然会存在一定的历史局限性。对此研究者无须刻意回避，也不能肆意夸大，而是需要基于马克思主义文化理论对蔡元培教育思想的局限性进行客观的评析。可以说，对于蔡元培教育思想局限性的认识也是全面阐释蔡元培教育思想不可或缺的一部分。其局限性主要体现在以下三个方面：

---

①《列宁全集》（第 37 卷），北京：人民出版社，2017，第 111 页。
②《马克思恩格斯文集》（第 2 卷），北京：人民出版社，2009，第 591 页。

（一）民族危机中的急迫与仓促

蔡元培的教育思想诞生于中国近现代历史上承前启后，中西文化冲撞、融合的过渡时代。正如前文所述，蔡元培在面对传统与现代、中学与西学的冲撞时，力持调和融通古今中西的态度。他不仅试图从学理上融汇中西思想文化，并且身体力行，积极开展文化建设，做出了重要的历史贡献。但是我们也需要看到，蔡元培完人人格教育思想的形成过程并非完美，特别是他民初提出的一些教育思想主张就呈现出过渡时代的思想特征。辛亥革命胜利后，蔡元培临危受命出任中华民国首任教育总长，不仅面临着近代救亡图存和文化启蒙的双重挤压，而且亟须在短时间内恢复被战乱破坏的教育秩序，因此时代的急务没有留给他充足的时间和精力在学理上进行精雕细琢，因而其早期教育思想中难免会存在着一些生硬之处。

如 1912 年蔡元培在阐述公民道德教育的内涵时将法国大革命所标榜的自由、平等、博爱作为公民道德教育的要旨。为了使来自西方的价值观念能够更加容易地为国人所接受，他专门引用孔子、孟子等古圣先贤的名言来为公民道德教育做注解。他分别以儒家的义、恕、仁来阐释公民道德教育中的自由、平等、博爱。如他以"匹夫不可夺志"，即"义"来会通自由；以"己所不欲勿施于人"，即"恕"来阐释平等；以"己欲立而立人，己欲达而达人"，即"仁"来诠释博爱。由此可见，蔡元培把源自西方的现代价值观介绍给国人的同时，常常从中国传统文化中找出具有普遍意义的因素作为会通西方现代思想理念的支点，以便国人在情感上更容易接受这些外来的新观念。蔡元培所提倡的自由、平等、博爱的价值观实际上突出了他的救国路线是通过文化运动来改变国人的价值观，提升国民素质，为实现资本主义民主提供思想文化支撑的。而蔡元培在论证中西文化融合的可行性时，"常把西方近代文明论证为中国文明所固有，否认二者的本质差异"[①]。这个方法虽然避免了对中国传统文化的简单否定，却难免有牵强附会之嫌，抽空了中国当时所处的时代条件。这种思想

---

① 黄书光：《论蔡元培的教育哲学观》，《福建论坛（人文社会科学版）》，2001（2），第 99 页。

上的局限性也是清末民初过渡时代知识分子常常共有的一种思想倾向。对于这种思想的局限性，我们不能脱离近代中国思想文化转型的时代背景予以评价。正如蒋梦麟所指出："时代之过渡，必不能于俄顷之间，与旧习惯骤相隔绝。无论思想如何新奇，宗旨如何激烈，新精神如何活泼，终不能与往时之思想，完全断绝关系。"①因此，蔡元培和同时代的诸多思想家、教育家一样，思想中难免带有过渡时代的印记。郑师渠教授认为蔡元培"对于旧思想旧文化的批判，虽有更加冷静和避免了简单化的长处，同时，作为北大校长，也不容放言无忌，但终究缺乏应有的力度"②。

（二）单纯突出教育社会改造功能的片面性

辛亥革命后，蔡元培将主要精力从革命救国转向教育救国和文化救国，把教育视作解决一切社会问题的"根本出路"③。他指出："今之策国是者，莫不重教育；策教育，莫不谋普及。夫教育曷贵乎普及，岂不曰教育普及，则社会国家一切至重要至困难问题，根本上皆得缘以解决也。"④蔡元培在德国留学时强烈地感受到了教育文化改革事关国家的安危。他高度认同洪堡、费希特通过改革高等教育使普鲁士转危为安，最终实现国家统一的做法，并希望中国仿效德国的现代化模式，从整顿教育、革新教育思想文化入手，来推动中国的社会革新。以教育文化改革作为改造社会的前提，具有一定的合理性，符合近代中国社会发展的内在要求和方向，但是以教育文化改革作为改造社会的根本出路，则具有一定的空想成分，对此需要进一步结合马克思主义文化理论来进行分析。

新文化运动发展壮大后，蔡元培并不认同新文化运动的发展应转向激烈社会变革的主张，而是寄希望于发展高等教育和普及国民教育，试图通过改善人性、

① 蒋梦麟：《过渡时代之思想与教育》，北京：知识产权出版社，2018，第13页。
② 郑师渠：《角色·个性：蔡元培与新文化运动》，《北京师范大学学报（社会科学版）》，2009（3），第20页。
③ 郑师渠：《角色·个性：蔡元培与新文化运动》，《北京师范大学学报（社会科学版）》，2009（3），第12页。
④ 中国蔡元培研究会编：《蔡元培全集》（第3卷），杭州：浙江教育出版社，1997，第21页。

普及知识、宣传科学与民主来唤醒国人永久的觉醒，以温和的、渐进的社会改良来消除社会矛盾。在蔡元培看来，"若令为永久之觉醒，则非有以扩充其知识，高尚其志趣，纯洁其品性，必难幸致"①。蔡元培认为政治是求近功的，不能从根本上解决中国的社会问题，而教育是求远效的，能从根本上为社会发展奠定基础。因此他苦口婆心地劝说学生退出政治运动，回归课堂。他鼓励学生"力学报国"，"与诸君共同尽瘁学术，使大学为最高文化中心，定吾国文明前途百年大计"②。由于历史的局限性，蔡元培没能真正理解教育的社会制约性。他更加重视教育对社会发展的能动性，而对经济和政治的基础性制约作用有所忽视。因此，他将教育作为实现社会理想的根本途径，从而夸大了教育改造社会的功能。

马克思主义文化理论要求对教育能动性的认识，必须放置在经济基础和上层建筑之间的矛盾运动中予以把握。一方面，经济起基础性的决定作用，教育在整个社会结构中，受经济基础决定和制约；另一方面，教育又不是简单的附属现象，它关乎社会实践、社会生活的方方面面，对经济、政治等活动具有一定的反作用。因此需要在经济基础和上层建筑之间的辩证关系中正确把握教育的社会功能。近代中国的经济、政治、文化的实际情况，决定了中国注定要走一条不同于英、法、德等西方国家的现代化道路。"在中国，因为文明形态、社会结构不同，需要有一个总体性的革命动员。"③仅仅依靠模仿德国的现代化模式，依靠发动大学中的精英知识分子并不足以完成救国强国的任务，而是需要发动各阶层力量。中国必须结合本国国情，在正确认识和深入分析近代中国社会落后根源的基础上对症下药，才能走出一条真正适合自己的发展道路。

（三）脱离现实社会关系的人格理论

蔡元培试图把培育完全人格作为改造社会的突破口，强调完全人格教育对于塑造新人、建设新文化、推动中国社会进步的重要意义，这一点是值得肯定的。

---

① 中国蔡元培研究会编：《蔡元培全集》（第3卷），杭州：浙江教育出版社，1997，第642页。
② 中国蔡元培研究会编：《蔡元培全集》（第3卷），杭州：浙江教育出版社，1997，第643页。
③ 李文堂：《中国式现代化与中国共产党的领导力》，《中国领导科学》，2022（6），第5页。

然而不可否认，蔡元培早期教育思想中对人格的理解带有明显的主观唯心主义的色彩。

蔡元培提出的世界观教育带有脱离社会实际的不足。他一生曾多次赴德国留学，深受德国古典哲学，特别是康德和叔本华哲学思想的影响，因而世界观教育带有鲜明的超意志的思辨色彩。蔡元培沿着康德哲学的心物二元论观点，将世界分为了现象和本体两重世界，并将本体世界看作是不可明言的"黑暗之意识""盲聩之意志"①。蔡元培把抽象的、超阶级的、普遍的"意志"作为"世界观教育"的理论基石。他指出："超物质形式之畛域而自在者，惟有意志。于是吾人得以意志为世界各分子之通性，而即以是为世界之本性。"②实际上，蔡元培所提倡的世界观教育是把人和人格培育从社会生活和历史文化中独立出来，在一定程度上脱离了社会现实。

马克思指出："人的本质不是单个人所固有的抽象物，在其现实性上，它是一切社会关系的总和。"③教育的对象是现实的活生生的人，而不是抽象的、孤立的、预先假设的本体，因而脱离现实社会和历史文化的人格和人格培育都是不存在的。蔡元培没有看到人的生存状况、社会生活、历史文化的实际状况都是历史运动的产物。正如马克思所描绘的人的历史发展的三种存在形态，即人格从"依附"到"独立"最终走向"自由"也是历史运动的结果。因而人格的发展只能在现实的历史发展过程中逐渐走向完善，培育完全人格不能脱离具体的社会历史现实。人的自由的有意识的活动的实现程度，最终取决于人类实践活动的发展程度。就积贫积弱的近代中国而言，唯有通过创造生产力发展的条件，促进生产力的发展，独立的人格才能作为历史的要求被提出来，并且也只能在这种历史运动中得以生成。

综合以上，我们可以看到蔡元培的教育思想形成于近代中华民族命运至暗的时刻。他直面日益加深的民族危机和异质文明的冲撞，提出了许多旨在实现救亡图强的思想文化主张，为中国教育文化事业的发展做出了巨大贡献。但作为过渡

---

① 中国蔡元培研究会编：《蔡元培全集》（第2卷），杭州：浙江教育出版社，1997，第216页。
② 中国蔡元培研究会编：《蔡元培全集》（第2卷），杭州：浙江教育出版社，1997，第215页。
③《马克思恩格斯选集》（第1卷），北京：人民出版社，2012，第135页。

时代的思想家、教育家，蔡元培提出的一些教育理念不可避免地存在一定的历史局限性，这些局限性虽有个人特质因素的影响，但更多地带有社会剧烈变革过渡时期的历史烙印。

小结

本章主要借鉴马克思关于人格和人的全面发展的相关理论，对蔡元培的教育思想，特别是其完全人格教育思想的意义和局限性进行了评析。首先通过对相关理论进行梳理可以发现，完全人格教育思想中包含了大量与马克思主义关于人格和人的全面发展思想相契合的理念。比如，蔡元培强调重视人格健全发展，肯定人的主体性，要求个性与群性调和，以及重视人的能力、潜质的充分和谐发展，等等。马克思同样也重视人的完整性、能动性，强调个性与社会性统一，以及人的素质和能力的全面、和谐发展等。这些相通之处，使得完全人格教育思想在对中国近现代教育文化事业产生重要影响的同时，也为后来包括青年毛泽东、杨贤江在内的共产党人接受马克思的人的全面发展理论提供了思想前提和文化支撑，为促进马克思主义文化理论在当代中国的发展提供了新的观点。

此外，蔡元培提出的教育观念不可避免地存在一定的历史局限性。这些局限性主要体现为三个方面：首先，民族危机的急迫与仓促导致蔡元培未能来得及从学理上对中西文化的本质差异进行深刻剖析。其次，他单纯突出了教育的社会改造功能，而未能深刻理解社会对教育的制约。最后，他脱离现实社会关系来理解人的本质，带有一定的主观唯心的色彩。这些局限性虽然受到蔡元培个人特质的影响，但更多地带有鲜明的过渡时代的历史烙印。因此对蔡元培完全人格教育思想的评价既要结合其个人经历和个性特质，同时也要立足于蔡元培所处的具体的历史时代方位，将其思想文化主张放在近代中国宏阔的历史进程中予以客观地考察和分析，不能以今人的标准对其过度苛求。正所谓瑕不掩瑜，从整体而言，蔡元培的完全人格教育思想所具有的理论意义和现实意义及其为推动中国社会进步所做出的历史贡献，已经远远超过了其自身的思想局限和不足。

第五章

蔡元培完全人格教育思想的影响与启示

清末民初，中国惨遭帝国主义列强瓜分豆剖，中华民族命运危在旦夕，蔡元培抱着"周虽旧邦，其命维新"的信念，以教育文化事业为阵地，以塑造完全人格为目标，培育新人、开创新风气，极大地改变了近代中国人的精神文化面貌和中国社会历史走向。蔡元培为实现中国的现代化所做出的理性探索，为后人留下了一笔珍贵的思想遗产，给人以极大的启发。

一、蔡元培完全人格教育思想的历史影响

蔡元培站在时代发展的前沿，以兼容中西的文化视野构建起完全人格教育思想，打破了千余年来专制教育对中国人思想的钳制和束缚，有力促进了人格的健全发展，对中国社会文化发展走向产生了深远影响。正如美国著名哲学家、教育家杜威所评价："以一个校长身份，而能领导那所大学对一个民族、一个时代起到转折作用的，除蔡元培而外，恐怕找不出第二个。"[①]蔡元培一生所产生的深远影响，已经远远超出了教育领域本身，进而影响了整个中国思想文化界。

（一）新文化运动与近代中国社会思潮变迁

1. 孕育新文化运动的摇篮

蔡元培实际出任北大校长的五年半时间里，正值新文化运动风起云涌的年代。在这场波澜壮阔的思想解放运动中，蔡元培作为学界领袖发挥了极为重要的作用。陈独秀在《蔡子民先生逝世后感言》中曾说道：在新文化运动中，"蔡先生、适之和我，乃是当时在思想言论上负主要责任的人。"[②]北京大学能够成为新文化运动的中心和五四运动的策源地，与蔡元培有着直接的关系。可以说，蔡元培作为新文化运动的殿军，功不可没。

一方面，蔡元培为新文化运动的发展建构起坚强的思想阵地。他出任北大校长后，以"思想自由、兼容并包"为精神旗帜，励精图治，对积弊深重的北京大

---

① 金林祥：《蔡元培教育思想研究·序》，沈阳：辽宁教育出版社，1994 年，第 1-2 页。
② 中国蔡元培研究会编：《蔡元培纪念集》，杭州：浙江教育出版社，1998，第 151 页。

学进行了一系列大刀阔斧的改革，使北大成为新文化运动的摇篮。他延揽陈独秀、李大钊、胡适、鲁迅、钱玄同、高一涵等新派学人加盟北大。一时间，新文化运动的主干力量集聚北大，对推动新文化运动的蓬勃发展起到了关键作用。同时他支持陈独秀将《新青年》杂志迁至北京，《新青年》杂志也因北大学人的影响力，成为宣传科学、民主精神，传播新思想、宣传新文化的舆论阵地。在《新青年》杂志的带动下，《国民》《新潮》《每周评论》等进步刊物应运而生，扩大了新文化运动的影响力。正是在蔡元培的保护和支持下，以《新青年》为先锋、以北大进步师生为核心力量的新文化运动开始以北京大学为中心迅速向全国辐射，掀起了一场全国范围的思想解放运动。正如梁漱溟所评价："所有陈胡以及各位先生任何一人的工作，蔡先生皆未必能作，然他们诸位若没有蔡先生，却不得聚拢在北大，更不得机会发抒。聚拢起来，而且使其各得发抒，这毕竟是蔡先生独有的伟大。"①

　　另一方面，蔡元培以北京大学为示范，掀起了一场声势浩大的国民思想启蒙运动。首先，蔡元培在北大首倡旁听制度，吸引了众多有志青年来到北大旁听学习，接受新思想。他们结束学习回到家乡后创建社团、兴办杂志，为各地的新文化运动推波助澜。蔡元培还让人摘去了北大门口象征学堂重地的牌匾，向社会敞开校门，加强学校与社会的沟通。在他的支持下，北京大学校役夜班和平民夜校得以顺利开课，吸纳了许多进步师生加入为社会服务、唤醒民众的行列中来。其次，由北大学生创办的平民教育讲演团也走向社会街头，向民众宣传科学与民主思想，传播爱国精神，启迪民智。再次，在妇女解放问题上，蔡元培率先在北大开放"女禁"，主张男女享有平等的受教育权，有力地推动了妇女解放运动。蔡元培以北京大学为示范，使得他的完全人格教育思想在近代中国的这场思想文化革命运动中产生了极大的社会效应，进一步将辛亥革命未能完成的思想启蒙任务向纵深推进。正如日本史学家竹内好所评价："蔡元培培植的新思想的种子在中

① 中国蔡元培研究会编：《蔡元培纪念集》，杭州：浙江教育出版社，1998，第135页。

国的学生中渗透、发芽、结出了果实。"① 可见，蔡元培领导下的新文化运动不仅顺应了时代和社会的发展，同时还开风气之先，促成国民永久之觉醒，产生了不可估量的社会价值。

2. 推动中国近代社会思潮变迁

五四前后是中国思想界最为活跃的时期，也是新旧思想剧烈斗争的关键时刻。蔡元培利用其崇高的声望和社会地位，推行完全人格教育，积极保护新思想、新文化，引导新思潮发展，有力地推动了中国近代社会思潮的变迁，深刻影响了中国社会的发展进程。

如果说在五四运动前，蔡元培主要扮演了新文化运动的"保护者"角色的话，那么在五四运动后期，蔡元培则成为新文化运动的积极"疏导者"。1920年他发表《洪水与猛兽》一文，以"洪水"比喻新思潮，以"猛兽"形容军阀。面对喧腾而至的各种新思潮，蔡元培主张用"疏导"的方法，任其自由发展。他认为新思潮如同洪水般波澜壮阔，如果采用类似筑堤防水的办法来抵御新思想，只会"愈湮愈决，不可收拾"，所以对于新思潮要采用"疏导"的办法②。但蔡元培支持新思潮绝不等于对其放任不管，而是主张对新文化运动加以积极引导。特别是针对新文化运动中出现的浮躁、急功近利、言行不一等流弊，蔡元培毫不护短，坚决予以批评。他强调："文化是要实现的，不是空口提倡的。……文化是活的，是要时时进行的，不是死的，可以一时停滞的。"③ 正是通过积极引导，才保证了新文化运动的健康发展。

在对待中西文化的问题上，蔡元培坚决反对新文化运动走向偏激的道路。尽管蔡元培与陈独秀、胡适同为新文化运动的领袖，但是他对于中西文化问题的态度则有别于陈、胡二人。蔡元培反对陈独秀全盘否定传统文化的激进做法，而是主张新文化建设要以中国固有的传统文化为研究基础。蔡元培强调："主张保存

---

① ［日］竹内好：《五四运动与蔡元培》，转引自蔡建国：《蔡元培与近代中国》，上海：上海社会科学院出版社，1997，第248页。
② 中国蔡元培研究会编：《蔡元培全集》（第4卷），杭州：浙江教育出版社，1997，第78页。
③ 中国蔡元培研究会编：《蔡元培全集》（第4卷），杭州：浙江教育出版社，1997，第295页。

国粹的，说西洋科学破产；主张输入欧化的，说中国旧文明没有价值。这是两极端的主张。"[1] 他坚决反对民族虚无主义，主张在文化交流过程中应该以中国优秀传统文化作为吸收、会通西方文化的底色，以科学的方法来分析和研究传统文化，在融合西方先进文化的基础上，去创造中国的新文化。此外，蔡元培将欧战后对西方现代性的反省也融入新文化建设之中，避免新文化运动走向偏激，使得追求现代性和反思现代性并存，为新文化运动的发展增添了内在张力。由于蔡元培对新思潮的支持、保护和引导，在客观上也为马克思主义在中国的传播开辟了道路。

（二）促进马克思主义在中国的早期传播

蔡元培坚持以培育完全人格为导向，以"兼容并包"为原则，开创学术自由之风，在客观上也为马克思主义在中国的早期传播创造了条件、拓宽了路径，对近代中国社会发展产生了深远影响。

1. 推动进步青年留法勤工俭学

十九世纪二十世纪之交，马克思主义先后经由日本、法国和俄国三条渠道传入中国，而法国这条传播渠道恰恰得益于蔡元培的支持。二次革命失败后，1915年6月游学法国的蔡元培与李石曾、吴玉章在巴黎组织成立留法勤工俭学会，倡导旅法华工以工兼学，提高自身文化水平。1915年6月至1916年3月，蔡元培与法国政界、教育界人士发起成立华法教育会并任中方会长，以促进"发展中法两国之交通，尤重以法国科学与精神之教育，图中国道德、智识、经济之发展"，他亲自为赴法华工编写《华工学校讲义》40篇，帮助华工以工兼学。

五四前后，一批爱国青年和进步知识分子受完全人格教育思想影响，抱着"完善个人"，从而"改善社会"的心理，积极赴法国探寻救国真理[2]。1919年至1920年在蔡元培等人倡导下，国内掀起一股勤工俭学热潮，千余名青年选择赴

① 中国蔡元培研究会编：《蔡元培全集》（第6卷），杭州：浙江教育出版社，1997，第299页。
② 陈少卿：《留法勤工俭学群体接受马克思主义过程再探讨》，《中共党史研究》，2018（07），第39页。

法勤工俭学，周恩来、邓小平、陈毅、聂荣臻、王若飞，徐特立、赵世炎、陈延年等进步青年就是通过留法勤工俭学见证了资本主义社会对工人阶级的无情压迫，开始接受马克思主义并成为中国革命的中坚力量，法国也因此成为国内宣传马克思主义的策源地之一。

马克思主义经由留法勤工俭学群体传入中国后，迅速与由日本、俄国渠道传入的马克思主义思想汇聚合流，使马克思主义在中国大地生根发芽、开花结果。尽管蔡元培本人并非马克思主义者，但作为留法勤工俭学运动的发起者和组织者之一，蔡元培的倡导之功不容置疑。

2. 创造了有利于马克思主义传播的校园环境

1917 年蔡元培执掌北京大学校务后，坚持"思想自由、兼容并包"的办学思想，鼓励学术争鸣，在客观上为马克思主义的传播创造了宽松的文化条件。他聘请李大钊担任北京大学图书馆主任，兼任政治学教授，为学生开设"唯物史观""社会主义史"等课程，介绍马克思主义理论。在李大钊的指导下，北京大学"马客士主义研究会"以马尔萨斯的人口论为掩护，秘密从事马克思主义理论研究与宣传。他们还专门成立了翻译小组，翻译了《共产党宣言》《社会主义从空想到科学的发展》《哲学的贫困》等一批经典著作，为马克思主义的传播发挥了积极作用。1920 年 3 月，李大钊秘密发起成立马克思学说研究会。1921 年 11 月，马克思学说研究会"在当时反动派到处防范、侦缉'过激主义'、'过激党'的情况下"公开宣告成立了[①]。蔡元培不仅顶住反动派压力，同意在《北京大学日刊》刊载马克思学说研究会的成立公告，而且应邀在成立大会上做了简要发言。他不仅在精神上对研究会的成立予以全心全意的支持，而且在物质上也给予了最大限度的扶持，特批两间房屋作为马克思主义研究会的活动场地。1921 年 7 月中国共产党召开第一次全国代表大会之前，中共北京支部的成员至少有 12 人，分别是李大钊、张国焘、邓中夏、罗章龙、刘仁静、高君宇、何孟雄、缪伯英、范鸿劼、朱务善、李骏、张太雷，其中 11 人来自北大。

---

① 中国蔡元培研究会编：《蔡元培纪念集》，杭州：浙江教育出版社，1998，第 262 页。

北京大学能够成为中国最早传播马克思主义的文化基地，能够培育出一批优秀的共产主义革命家，并非偶然。梁柱教授认为"除了当时已经具备的新的时代和社会条件这些根本原因外，确是得益于蔡元培对北大的革新及其进步的办学思想"①。蔡元培一贯奉行"思想自由、兼容并包"的办学原则，保护新思想、新文化，能够以超越于党派政治的眼光，公开支持对马克思主义进行学术研究，为马克思主义的传播创造了有利条件。

诚如马克思所言："理论在一个国家实现的程度，总是取决于理论满足这个国家的需要的程度。"②近代以来，面对日益加剧的民族危机，旨在实现救亡图强的各种社会文化思潮竞相登上历史舞台，构成了一幅波澜壮阔的思想文化图景。然而近代各种救亡图强努力的失败证明了这些社会文化思潮不能真正代表中国社会历史发展的方向。历史最终证明，只有马克思主义才是真正代表社会历史发展要求的全新社会文化。只有马克思主义理论才能真正满足中国近代救亡图存的革命性诉求。历史的发展也恰好印证了中国选择马克思主义的正确性。

(三) 马克思主义教育家对完全人格教育思想的接受与发展

蔡元培完全人格教育思想在近代中国历史上产生了深刻影响，引起了教育界，特别是中国早期马克思主义教育家的广泛关注。

1. 青年毛泽东与人格主义教育

青年毛泽东对人格教育高度关注。1912 年，毛泽东在上中学时就曾写下"商鞅之法……诚我国从来未有之大政策，民何惮而不信？……吾于是知吾国国民之愚也，吾于是知数千年来民智黑暗国几蹈于沦亡之惨境有由来也。"③他认为中华民族濒于亡国灭种，其根源在于民智愚昧。因此要实现救亡图存，就必须通过教育来改善民智、重塑国民人格。青年毛泽东把挽救民族危亡与人格教育合二为一的主张与蔡元培提倡"养成共和国民健全之人格"的教育理念高度一致。青年毛

---

① 梁柱：《蔡元培与中国共产党》，《高校理论战线》，2008（07），第 37 页。
②《马克思恩格斯选集》（第 2 卷），北京：人民出版社，2012，第 11 页。
③ 毛泽东：《毛泽东早期文稿》，长沙：湖南人民出版社，1990，第 1–2 页。

泽东的人格主义教育理念的形成是建立在反思与批判旧式教育泯灭个性、摧残人格的基础上的。1915 年 11 月，他在写给黎锦熙的一封信中流露出对旧教育践踏个性、扭曲人格的控诉："终见此非读书之地，意志不自由，程度太低，俦侣太恶，有用之身，宝贵之时日，逐渐催落，以衰以逝，心中实大悲伤。"① 正是基于对旧式教育的反思与批判，毛泽东开始关注人格的健全发展。

青年毛泽东对人格教育的认识和思考与杨昌济对蔡元培完全人格教育思想的介绍与推崇不无关系。1913 年，毛泽东考入湖南公立第四师范（后并入公立第一师范），师从杨昌济、黎锦熙、徐特立等进步教师。杨昌济不仅是蔡元培在主持华法教育会时的旧识，也是欧洲留学时的故交，二人为研究伦理学和哲学的同道，这些因素促使他们两人交往颇多，友情日进。杨昌济在湖南一师讲授伦理学、教育学等课程时，极力推荐蔡元培的著作，并把蔡元培所译的《伦理学原理》定为教科书。毛泽东在《〈伦理学原理〉批注》中这样写道："人类之目的在实现自我而已。实现自我者，即充分发达吾人身体及精神之能力至于最高之谓。"② 在青年毛泽东看来，只有坚持人的自我实现，才能具备理想人格。

毛泽东的人格主义教育思想在《湖南自修大学创立宣言》中得到了进一步深化："自修大学学生不但修学，还要有向上的意思，养成健全的人格，涵涤不良的习惯，为革新社会的准备。"③ 可见，此时毛泽东开始把个体人格的形成与改造社会联系了起来，强调个性与社会性并重。蔡元培在《湖南自修大学介绍与说明》一文中对自修大学的创立表示高度赞同："他的注重研究，注重图书馆、实验室，全与我的理想相合"，堪当各省新设大学的模范④。

此外，蔡元培以德育、智育、体育三育并重促进人格健全发展的教育理念得到杨昌济的认同。杨昌济在《教育学讲义》中还专门介绍了德育、智育、体育三育并重的教育理念，对青年毛泽东产生了极为深刻的影响。1916 年青年毛泽东在

---

① 毛泽东：《毛泽东早期文稿》，长沙：湖南人民出版社，1990，第 30 页。
② 毛泽东：《毛泽东早期文稿》，长沙：湖南人民出版社，1990，第 246-247 页。
③ 湖南省图书馆校编：《湖南革命史料选辑——新时代》，长沙：湖南人民出版社，1980，第 81 页。
④ 中国蔡元培研究会编：《蔡元培全集》（第 4 卷），杭州：浙江教育出版社，1997，第 734 页。

写给黎锦熙的信中就将现代教育中德、智、体三育之间的关系比作古代君子教育的"三达德"，即智、仁、勇。他认为："古称三达德，智、仁与勇并举。今之教育学者以为可配德智体之三言。诚以德智所寄，不外于身；智仁，体也，非勇无以为用。"①可见，此时毛泽东对于现代教育中健全人格的形成已经有所关注。次年4月1日，毛泽东以"二十八画生"之名在《新青年》发表《体育之研究》，进一步系统地阐述了德、智、体全面发展的重要性，这标志着毛泽东以德育、智育、体育重塑健全人格的教育理念已经初步形成。可以说，蔡元培完全人格教育思想为青年时代毛泽东"三育观"的形成提供了有益的思想借鉴。

一方面，毛泽东把体育和人格的健全发展联系起来，系统地阐述了德育、智育、体育对实现"身心并完"的重要性。毛泽东指出："体育一道，配德育与智育，而德智皆寄于体，无体是无德智也。"②这里他把体育视为智育和德育的物质基础。他认为人区别于动物在于人具有理性，人类的理性源于知识与道德的修养，而身体则如同"载知识之车"和"寓道德之舍"③。而一旦身体羸弱，"德智则从之而隳矣"④。文中列举了颜渊、贾谊、王勃等在德、智方面有很高造诣的历史名人，但他们或英年早逝，或身体伤残，不禁令人惋惜。毛泽东深刻地批判了旧式教育偏重智育或德育，而忽视体育、戕害人性的弊端。他批评旧式教育繁重的课程导致学生偻身俯首、貌悴神伤，严重违背了人的发展规律，不利于学生身心的健全发展。他认为，"体育于吾人实占第一之位置，体强壮而后学问道德之进修勇而收效远"⑤。在他看来，体育是促进人的全面发展的基础和前提，这一观点与蔡元培提出的"完全人格，首在体育"相吻合，不难看出蔡元培"完全人格"教育思想对他所产生的潜移默化的影响⑥。二者都认为德育、智育、体育构成一个有机的辩证统一体，是培养完全人格的重要因素。

---

① 毛泽东：《毛泽东早期文稿》，长沙：湖南人民出版社，1990，第59页。
② 毛泽东：《毛泽东早期文稿》，长沙：湖南人民出版社，1990，第66—67页。
③ 毛泽东：《毛泽东早期文稿》，长沙：湖南人民出版社，1990，第67页。
④ 毛泽东：《毛泽东早期文稿》，长沙：湖南人民出版社，1990，第68页。
⑤ 毛泽东：《毛泽东早期文稿》，长沙：湖南人民出版社，1990，第67页。
⑥ 中国蔡元培研究会编：《蔡元培全集》（第3卷），杭州：浙江教育出版社，1997，第12页。

另一方面，毛泽东将体育与挽救民族危亡和实现国家振兴联系起来，进一步阐明了体育与国家兴亡和人类解放的内在关联。面对近代以来中华民族饱受欺凌的痛苦经历，蔡元培深刻认识到体育对于强国保种的重要意义。在1912年担任教育总长期间，他将军国民教育列入民初教育方针，特别强调体育对于民族振兴的积极意义。1916年至1918年，时任湖南第一师范校长的孔昭绶按照蔡元培德、智、体三育并举的教育方针在学校组建了一支学生志愿军，由在校学生毛泽东负责指挥开展武装护校运动，使得学校免于兵祸，而这一经历对青年时代的毛泽东产生了深远影响。他在《体育之研究》的开篇便指出："国力荼弱，武风不振，民族之体质日趋轻细，此甚可忧之现象也"。[1]通过对近代以来中华民族命运的关切，毛泽东认识到体育不仅关系到个人体质的强弱，更关系到一个民族的兴衰荣辱。他通过对比各国国力的强弱后发现，世界上的发达国家远如德国，"其斗剑之风播于全国"；近如日本，以武士道精神"骎骎乎可观已"[2]。因而他提倡"动以营生""动以卫国"，把体育视作挽救亡国危机，实现民族复兴的重要途径[3]。由此我们可以看出，蔡元培的完全人格教育思想在毛泽东身上所产生的影响。

通过前文的回顾和分析，不难看出青年时代的毛泽东对于德育、智育、体育之间关系的理解与蔡元培完全人格的教育思想有诸多相近之处。正如韩延明教授所指出："毛泽东的'三育观'，深受其'湖南一师'老师杨昌济和校长孔昭绶的影响，但归根结底还是受启于蔡元培的教育方针。"[4]可见，毛泽东批判地继承了蔡元培先生"三育并重"的教育思想，保留了其中符合人格健全发展的有益因素，并在日后中国革命实践中得到升华，对中华人民共和国成立后实行德智体全面发展的教育方针产生了深远影响。

2. 杨贤江与完人教育思想

---

① 毛泽东：《毛泽东早期文稿》，长沙：湖南人民出版社，1990，第65页。
② 毛泽东：《毛泽东早期文稿》，长沙：湖南人民出版社，1990，第66页。
③ 毛泽东：《毛泽东早期文稿》，长沙：湖南人民出版社，1990，第69页。
④ 韩延明：《蔡元培与青年毛泽东——纪念蔡元培任职北京大学校长100周年》，《山东师范大学学报（人文社会科学版）》，2018（01），第5页。

蔡元培完全人格教育思想为近代中国思想文化界注入了新空气的同时，也得到了教育界人士的积极响应，并将这一教育理念落实在具体的办学实践中。杨贤江是中国最早的马克思主义教育理论家之一，他既是完全人格教育思想的受益者，也是这一思想的传承者。蔡元培的完全人格教育思想为他日后提出完人教育理念提供了重要的思想资源。

杨贤江完人教育思想的形成源于他对古今中外先进教育理论的广泛涉猎与吸收，其中就包括蔡元培的完全人格教育思想。他在浙江一师求学期间发奋图强、博览群书，阅读了大量蔡元培的著作，其中包括《中学修身教科书》《中国伦理学史》《哲学大纲》《简易哲学纲要》，尤其对蔡元培翻译的《伦理学原理》感触颇深。1916 年，他在日记中写道："伦理学并不施何种之命令于吾人，不过叙述人生生活之正规，立之标准，俾吾人各斟酌其间，无或违戾耳。"① 杨贤江将伦理学说视为一种道德自我发展、自我实现的学说，而伦理学说所确立的理想人格为人生明确了奋斗目标和方向，有效地促进了感性和理性、欲望与义务的统一。由此也开启了杨贤江对于理想人格的关注和思考。

青年时代的杨贤江表现出对"人格"的格外关注。他在 1916 年发表的《说人》一文中就对人格的意义、特色和内容进行了详细的论述："人格者，为吾人权利及本务之基础要件。即人之所以为人，而与非人相区别者也。"② 杨贤江汲取康德哲学思想中"以人为目的"的哲学命题，并将人格理解为"人由自然的状态而进于独立的状态，乃自觉且自动之主观也"③。因而人格包括道德和理性两种。他进而澄清人格的道德属性并非宗教家和教育家的专属，也不是某类人群和阶级的特殊属性，而是每个人与生俱来的道德使命，因此"无论其为教育家或政治家，亦无论其为显贵者或微贱者，其有当守道德之义务，固无人而可或异也"④。而人作为理性存在则具有自由意志，能够超越自然因果律的限制，而为自己立法并成

① 杨贤江：《杨贤江全集》（第 4 卷），郑州：河南教育出版社，1995，第 176 页。
② 杨贤江：《杨贤江全集》（第 1 卷），郑州：河南教育出版社，1995，第 81 页。
③ 杨贤江：《杨贤江全集》（第 1 卷），郑州：河南教育出版社，1995，第 84 页。
④ 杨贤江：《杨贤江全集》（第 1 卷），郑州：河南教育出版社，1995，第 84 页。

为自己行动的依据，因而人具有主观能动性，体现在"人之行为，有一定之意志、一定之目的"①。理性使人超越了自然的限制而通向无限的自由。实际上，康德的教育哲学思想成为杨贤江与蔡元培共同的思想源头，这也是二者思想上的重要关联。因此，青年时代的杨贤江对于人格的理解和阐述具有鲜明的"康德哲学思想和蔡元培伦理学思想的痕迹"②。

杨贤江的"完人"教育理念的提出与蔡元培"完全人格"教育思想一脉相承。1920 年杨贤江基于对理想人格的思考发表了《论个人改造》一文，首次提炼出"完人"理念。他认为："人是兼有两性的：有了肉体，又有精神；有了个性，又有群性，又〔有〕了现实，又有理想。这种种都发达了，都充实了，才是个完成的人。"③杨贤江分别从肉体与精神、个性与群性、现实与理想的辩证关系来阐述"完人"的内涵。他认为只有三个方面都充分发达，人才是完成的人，这是人区别于动物所特有的本性。1922 年杨贤江发表《青年与个性》，进一步阐释了"完人"教育理念。他认为，"一个理想的完人，是不怯弱的、不卑屈的、不嫉妒的、不随俗的；乃是自尊的、自信的、自己表现的、特立独行的。教者为要教成这种完人，学者为要学成这种完人，所以都要重视个性"④。杨贤江深刻地批判和揭露了当时教育压抑个性、培养奴性的弊端。他认为无论是教师还是学生都要以培养"完人"为目标，都要以发达人的自由个性为前提。从上文这段论述不难看出，杨贤江对于"完人"的理解是在把握蔡元培"完全人格"教育理念精髓的基础上发展而来的，他对"完人"内涵的阐述与蔡元培的"完全人格"教育理念一脉相承，共同指向了人的完整性。

20 世纪初正值中国社会急剧转型的过渡期，各种社会思潮席卷而来，冲击着中国传统教育、文化领域。杨贤江基于对康德、蔡元培等中西教育思想的吸收与整合，以一种辩证的、发展的眼光讨论教育问题，把教育的对象视为一个不断发

---

① 杨贤江：《杨贤江全集》（第 1 卷），郑州：河南教育出版社，1995，第 85 页。
② 陈家顺：《导入和整合：康德教育哲学思想在近代中国》，《高等农业教育》，2007（05），第 87 页。
③ 杨贤江：《杨贤江全集》（第 1 卷），郑州：河南教育出版社，1995，第 200 页。
④ 杨贤江：《杨贤江全集》（第 1 卷），郑州：河南教育出版社，1995，第 795 页。

展变化的整体，把握住现代教育的育人成人的本质特征，形成了"完人"教育理念，强调青年要在德、智、体、美、劳等方面实现全面发展，同时为他日后接受马克思主义哲学以及关于"人的全面发展"教育思想，进而将"完人"教育理念发展成"全人生指导"教育思想奠定了坚实的思想基础，对日后指导青年的健全成长产生了深刻影响。

二、蔡元培完全人格教育思想的当代启示

百年前，蔡元培以成就完全人格为教育理想，开启了近代以来对教育应如何培养人这一根本命题的思考。蔡元培对于完全人格教育思想的建构并没有停留在消极静观之中，而是付诸探寻民族复兴的前途，尝试以新教育来促进人格的健全发展和培育新人，为社会变革和国家发展提供力量。进入新时代，蔡元培完全人格教育思想对于落实立德树人的根本任务，推动人的全面发展，培育担当中华民族复兴大任的时代新人仍然具有重要的启示。

（一）完全人格是时代新人的重要品质

一个世纪前，蔡元培从国民人格缺失中寻找中国社会积贫羸弱的原因，从而得出"造成完全人格，使国家隆盛而不衰亡，真所谓爱国矣"[1]。这一思维指向对于促进当代中国国民素质现代化，培育时代新人，仍然富有建设性。

1. 重视国民人格素质的充分和谐发展

五四新文化运动时期，以蔡元培为代表的思想先驱们以教育为场域，开启了近代中国改造国民性、培育新人的开端。蔡元培指出："盖国民而无完全人格，欲国家之隆盛，非但不可得，且有衰亡之虑焉"。[2]他认为救亡图强首在强民，如果国民人格不独立、发展不健全，那么中华民族永无扬眉吐气之日。因而他强调教育要以培育国民完全人格为目的，只有这样才能真正实现国家强盛。

---

① 中国蔡元培研究会编：《蔡元培全集》（第3卷），杭州：浙江教育出版社，1997，第12页。
② 中国蔡元培研究会编：《蔡元培全集》（第3卷），杭州：浙江教育出版社，1997，第12页。

进入新时代，构建当代中国人的完全人格，培育德智体美劳全面发展的时代新人，既是接续五四时期文化先觉者们未竟之事业，也是推进中国式现代化的现实要求。当前中国正处于迈向现代化的关键时期，国民人格素质的高低将决定中国现代化事业的成败。培育完全人格不是把各种形式的教育内容拼凑、叠加在一起，而是指人的天赋、潜能得到充分的发掘。因此，构建完全人格不是指量的累积，而是一种质的提升。完全人格作为时代新人的重要品质，是以培养整体的、全面发展的现代人为目标，促进人的道德、智力、体力、审美、劳动等素质都得到充分的、和谐的发展，成为集崇高道德和渊博学识、健康体魄和审美情趣和谐发展于一体的新人。

2. 重视人格的未定性

完全人格作为时代新人不可或缺的重要品质，不仅需要充分、和谐地发展德、智、体、美、劳等各方面的素质，而且还应立足于人格的未定性，激发其内在的创造性和超越性。人格的未定性意味着人具有不断自我完善的可能。蔡元培强调："教育者，非为已往，非为现在，而专为将来。"① 在他看来，培育完全人格是一个历史的、现实的过程，但更是一个立足未来、追求理想的过程。立足未来就要求以更加长远的、发展的眼光来看待教育、看待人的发展，充分开掘人的创造性和超越性。

一方面，人格的未定性意味着人具有无限的创造力。教育作为帮助人发挥潜能、实现自我完善的重要方式，需要引导个体精神的健全发展。在此意义上，教育要立足于受教育者的未定性，使其更加全面地占有自己的本质。在蔡元培看来，教育没有"成法"，因为每个人的发展都包含了丰富的可能性，为人提供了自我创造和发展的机会。完全人格教育就是尊重人的未定性，为人格的健全发展提供更多的发展空间。

从更深层次来看，尊重人格的未定性对提升中华民族的创新能力具有重要意义。当今世界综合国力的竞争归根结底是人才的竞争，而人才是否具有竞争力关

---

① 中国蔡元培研究会编：《蔡元培全集》（第2卷），杭州：浙江教育出版社，1997，第179页。

键要看是否具有创新能力。创新能力的高低决定了能否不断突破实然的限定而迈向更高阶段。在一定程度上，"处在社会转型期并以人之转型为重大使命的中国教育能否成功"，关键取决于能否激活个体的创造力①。因此必须打破外在规定性对人格的限制，重视人格的未定性，从而激发出更多的创造活力。

另一方面，人格的未定性意味着人要不断超越现实的规定性而追求理想。超越性作为人的精神特质，是对现存状态的不断否定和理想状态的不断追求，是现实与理想的统一。完全人格的培育要立足于人格的不确定性，为人格的不断完善提供可能。然而我们也看到教育对人格的未定性在一定程度上有所忽视，倾向于把人塑造成某种特定的类型，如"经济人""政治人""知识人"等，而不是完整的人，因而出现了马尔库塞笔下"单向度的人"、马克思所描述的"人的异化"。蔡元培强调教育要立足未来，就是希望教育不能局限于眼前的现实性需要，而是要着眼于个人的长远发展和一个国家、民族的长远发展。

（二）推动科学精神与人文精神和合共生

蔡元培作为中国现代大学的奠基人、中国的"洪堡"，始终把培育完全人格作为教育目标，坚持文理融合，在科学精神和人文精神的和合共生中谋求人格的健全发展。这一理念对克服现代性对大学理念所带来的冲击，特别是唯科学主义思潮泛滥所导致科学精神与人文精神之间的紧张，具有重要的借鉴意义。

1. 科学与美术并重

近一个世纪以来，科学技术的强势发展导致科学教育与人文教育出现了失衡，致使大学的人文精神于不知不觉之中被"工具性"所遮蔽。胡塞尔在《欧洲科学危机和超验现象学》中就强调人们"迷惑于实证科学所造就的'繁荣'"，导致科学与人相分离，使人陷入价值迷失②。从根本上说，这是科学的社会作用所引发

---

① 蔡中宏，麻艳香：《培养人：教育发展的根本目的和使命——文化哲学视角下的教师专业化发展》，《甘肃社会科学》，2012（01），第 31 页。
② ［德］埃德蒙德·胡塞尔：《欧洲科学危机和超验现象学》，张庆熊译，上海：上海译文出版社，1988，第 5 页。

的一场文化危机。而大学中人文精神的失落则是对这场文化危机的折射。人们接受大学教育不再是为了寻求人自身的完善，而是为将来从事某种职业做准备。大学教育从"全人"教育蜕变成人力教育、职业教育、技能教育。更为糟糕的是，"现代科技与市场的合力在推动教育改变的同时，也在遮蔽着教育自身的目的和本质"①。我们应当承认科学教育在推动社会发展中所产生的作用，但是不能只重视科学教育的经济功能，而忽视了大学本应具有的指导人生、指导社会的模范意义。

针对这样一种全球性的普遍现象，蔡元培提倡的完全人格教育依然值得我们重视。他以"科学与美术并重"来纠正教育"工具论"的偏狭。他强调："有了美术的兴趣，不但觉得人生很有意义，很有价值，就是治科学的时候，也一定添了勇敢活泼的精神。"②他坚持认为"教育指导社会，而非随逐社会"③。大学的功能不仅仅是传递特定的知识和技能，更为重要的是培养完全人格，即完整的人。而完全人格是以真、善、美的统一作为价值追求。科学教育重视培养人的理性思维和实际应用技能，主要体现了对于真的探求。人文教育侧重传授人文知识，培育人文精神，"以发展学生对社会关系、人己关系、物我关系的认识和处理能力"，以期形成正确的世界观、人生观、价值观，促进人的身与心、情感与意志的统一④。人文教育的核心是人性教育，以促成人格的完善为最高目的。相比于科学教育重在求"真"，人文教育更注重求"美"和"善"。科学教育与人文教育的功能实则反映了教育功能的不同维度，是同一个问题的两个方面。而大学教育的目标在于为现代人奠定基本素质，使其能够进入到理性自觉和文化自觉的状态。这也凸显出蔡元培完全人格教育思想具有重要的现实指导意义。

2. 寻求科学与人文教育课程体系的贯通

实现科学精神与人文精神的统一，关键在于打通学科壁垒，寻求科学与人文

---

① 万俊人：《教育作为一项人文使命》，《现代大学教育》，2018（02），第4页。
② 中国蔡元培研究会编：《蔡元培全集》（第4卷），杭州：浙江教育出版社，1997，第328页。
③ 中国蔡元培研究会编：《蔡元培全集》（第2卷），杭州：浙江教育出版社，1997，第372页。
④ 刘绍春：《人文教育培养什么样的人——兼论人文教育的功能》，《教育理论与实践》，1999（04），第17页。

课程体系的贯通。现代课程体系虽然分类明确、自成体系，但是也存在学科分割、知识结构较为单一的弊端。实现科学教育与人文教育的统一，重点不在于产生一种新质，而在于促使二者形成一种不可分离的状态。而这种不可分离的状态在知识性的教育层次中是难以实现的，原因在于科学知识和人文知识所研究的对象不同，研究的方法亦不同，二者之间的区别是显而易见的。因此，科学教育与人文教育必须在更高境界中实现统一，即在精神性层次上实现融合。科学作为人类文明程度的一种反映，在精神性层面上不可避免地与艺术、哲学、伦理等认知世界的人文方式相互联系，相互渗透。即便是自然科学，表面看似与人无涉，但其本质无"不是人对自然的认识"，"是人的本质力量的表现形式之一"[1]。因此，实现科学教育与人文教育的统一，关键在于促成二者在精神层面实现交融。

既然认识到科学精神与人文情怀具有统一性，那学校所开设的课程教育就不能仅仅停留在向学生灌输科学知识和人文知识的层面，而是必须要在精神境界上实现二者的融会贯通。在大学实行科学教育与人文教育的融合一直是蔡元培的一个理想。他指出："那时候我又有一个理想，以为文、理是不能分科的。"[2]蔡元培所指的文理不能分科，即是从精神上、学理上实现贯通，以促成科学教育与人文教育的沟通和融合。他要求学生在大学一年级按照规定学习"共同必修课"，相当于现代大学的专业基础必修课。除此以外，还需要学习"选修科"。蔡元培组织编订了《大学本科各系课程》，明确了各系的课程名目及相关学系，鼓励学生根据兴趣爱好跨系选修课程，以扩大自己的学术视野。

尤为值得注意的是，蔡元培重新修订后的相关学系的分类中，哲学系几乎与所有系都相关。蔡元培之所以如此重视哲学，是因为哲学本身被视为"科学的科学"。而哲学体现的则是科学精神与人文精神的最佳结合。因为在蔡元培看来，无论是自然科学，还是人文科学、社会科学，都与哲学有着密切的联系。可见，科学教育和人文教育在哲学这里实现了会通。

对于科学教育与人文教育如何实现调和统一仍然需要在实践中做进一步考察。

---

[1] 项贤明：《当代学校教育中的科学和人文危机》，《中国教育学刊》，2020（08），第49页。
[2] 中国蔡元培研究会编：《蔡元培全集》（第7卷），杭州：浙江教育出版社，1997，第503页。

当前国内外很多大学采用通识教育作为实现科学教育与人文教育调和的主要途径。所谓通识教育本意并不是普普通通、无关紧要的教育，而是具有广博开通、人人必识的性质，是为了培养人之为人最基本的、共同的、核心的、必备的素养。通识教育的最终目的是培养完整的人格。通识教育的核心就是强调一个完整的人必须接受完整的教育。然而当前对通识教育存在着普遍的误解，把它视为一种无用的教育，因为它无涉专业知识。因此在现实中通识教育常常流于形式，并未获得足够的重视。因而有学者指出："清朝末年开始，中国搬来了西方大学，没有搬西方教会，只搬来西方高等教育整体的一半，即科学这一半，丢下另一半，即人文那一半。"① 这并不是说我们应该用西方宗教来弥补中国大学人文教育的缺失，而是强调人文教育是大学教育不可缺失的一部分。人文精神的失落则是当前教育所面临的危机。当前教育并不缺少知识，真正缺少的是人文情怀。因而实现科学精神与人文精神的贯通在中国人从传统走向现代、从自在自发走向自由自觉的过程中就显得尤为重要。

（三）加强美育在完全人格培育中的地位

作为中国现代美育的开拓者和奠基人，蔡元培是我国历史上首位把美育列入国家教育方针，明确美育在国民教育中的地位，并重视以美育来塑造完全人格的教育家。他把人自身的生存和发展作为开展美育的根本目的，为处于社会转型时期的中国人提供了有益的价值指引，这一思想直到现在仍然具有借鉴意义。

1. 美育应以人格健全发展为目的

进入后工业社会，中国正面临着诸多新挑战。一方面，信息化、数字化所形成的虚拟空间极大地拓展了艺术审美空间，另一方面，也导致人的情感的失落和空场。大众文化在给人们带来琳琅满目的娱乐产品的同时，其所具有的商业化、泛审美娱乐化的特征给人的精神世界带来极大的冲击，使人们沉溺于当下对物的占有和享受，不再有高远的精神追求。这表明，科学的进步和物质的丰富如果不

---

① 涂又光：《论人文精神》，《高等教育研究》，1996（5），第6页。

能被善用，不单无法给人的全面发展创造条件，反而会导致人的知、情、意出现分裂，使人遭受劳动异化所带来的痛苦。因此，在当代迫切需要加强以人自身的发展为目的的审美教育。

蔡元培从人生论出发来讨论美育的目的和价值，对于当下克服大众文化给人的精神带来的撕裂和痛苦，使人的知、情、意重新获得统一具有重要的借鉴意义。不同于认识论美学热衷于研究美的本质等抽象问题，蔡元培更加重视从人生论出发来思考如何通过美育提升人的生存和发展状况，使人成为完整的人本身。他指出："纯粹之美育，所以陶养吾人之感情，使有高尚纯洁之习惯，而使人我之见、利己损人之私念，以渐消沮者也。"①蔡元培更加关注人的生存和发展的状况。他认为通过高雅的审美艺术形式去体验生命的价值和意义，有助于把人从对物的占有欲中解放出来，使人的心灵得到净化，情感得到滋养。因此他强调美育在完善人自身的生存和发展方面具有独特的功能，这种功能是别的教育内容和形式所无法代替的。这也说明美育在推动人的健全发展方面仍大有可为，它有助于克服大众文化对人的精神带来的撕裂和痛苦，帮助人从物的奴役中解放出来，使人重新获得人生的价值和意义。

2.推动中华美育传统的创造性转化和创新性发展

中华民族有着丰厚的美育资源和悠久的美育传统。早在西周时期就有"制礼作乐"之说，将礼、乐、射、御、书、数六艺作为主要教育内容，春秋末年孔子将《诗》《书》《礼》《乐》《易》《春秋》作为教育基础内容。两汉以降，在长达2000多年的封建社会中，儒学作为官学将礼乐之教延续下来，形成了绵延千年的中华美育传统。杨宗元指出："虽然中国古代没有明确的'美育'概念，但有行美育之实的乐教传统，乐教传统的根本在于'成人'、育人，养成健全的人格。"②拥有强烈人文精神的中华美育传统在建构现代美育，推动人的全面发展的过程中具有不容忽视的参照意义。因而，推动中华美育传统的创造性转化和创新性发展，激发中华美育传统的现代活力，实现传统美育与现代美育的榫接，在当

---

① 中国蔡元培研究会编：《蔡元培全集》（第3卷），杭州：浙江教育出版社，1997，第60页。
② 杨宗元：《坚持立德树人 弘扬中华美育精神》，《红旗文稿》，2022（08），第41页。

代就显得尤为必要和迫切。

蔡元培立足中华美育传统，坚持在科学分析的基础上去芜存菁，实现传承与创新相统一。这一思路对于激活中华美育传统的现代生命力，实现传统美育与现代美育相结合，具有重要的参考价值。蔡元培强调："我们既然认旧的亦是文明，要在他里面寻出与现代科学精神不相冲突的，非不可能。"①一方面，立足中华美育传统并非意味着要采取全盘保留的态度，而是在科学分析的基础上，取其精华，去其糟粕，开掘中华美育传统中所蕴含的合理因素，使其经过现代美育的重新诠释后，能够"发生一种新义"，重新焕发出光彩②。这就要求阐释者要保持自己的主体性，坚持传承性与创新性相统一、科学性与进步性相统一，来把握传统美育的本质和规律。另一方面，开掘中华美育传统不是为了简单地回归传统，而是要立足于当代中国实际，同时借鉴西方文化中的有益成分，使其能够在融汇古今中西优秀文化的基础上，熔铸出适合现时代的理论体系。他主张"采欧人之所长以加入中国风"，而不是以西方文化代替中国文化；他认为"研究也者，非徒输入欧化，而必于欧化之中为更进之发明；非徒保存国粹，而必以科学方法，揭国粹之真相"③。蔡元培希望通过中西文化的交流互鉴，从而在更高水平上促进人格的完善和精神的升华，达到更高层次的审美境界。

3. 重视美育的全面、全方位、全过程

以美育人必须坚持全面、全方位，贯穿于育人的全过程。蔡元培认为美育本身不是孤立的、单一的现实存在，以美育来塑造完全人格也不是学校的专有责任，而是需要家庭、学校、社会协同推进。这一思路对深入推进三全育人、增强育人合力，具有十分重要的借鉴意义。

首先，蔡元培认为家庭是美育的起点，也是培育完全人格的第一站。"家庭者，人生最初之学校也。一生之品性，所谓百变不离其宗者，大抵胚胎于家庭之

---

① 中国蔡元培研究会编：《蔡元培全集》（第3卷），杭州：浙江教育出版社，1997，第715页。
② 中国蔡元培研究会编：《蔡元培全集》（第3卷），杭州：浙江教育出版社，1997，第716页。
③ 中国蔡元培研究会编：《蔡元培全集》（第3卷），杭州：浙江教育出版社，1997，第450页。

中。"①家庭是儿童以德立美、审美启蒙的地方。一个人的审美情感观往往萌发于家庭道德情感和审美情感的教育，并由此展开对美的认知和追求。这一阶段家长要以生动活泼的审美教育形式来塑造儿童的美好心灵，引导儿童在人生最初阶段形成向美而生、向善而行的力量。其次，学校审美教育是促进人格健全发展的重要场所。审美观的培养不是艺术类课程的专利，而应贯穿于育人的全过程和各方面。蔡元培认为美育的范围涵盖多方面，一切教育均可包含美育的元素，如数学的游戏可以引起滑稽的美感，几何是图案的应用，就连物理、化学也与美的色彩和音乐密切相关，因此美育并不局限于音乐、图画、文字之类的艺术课程。再次，风清气正、崇德向善的社会美育也是塑造健全人格不可或缺的途径。他强调应加强美术馆、博物馆、展览馆、剧院、音乐会等社会美育机构建设，实现公共艺术与社会审美的融合，使人人有机会在润物无声的环境中感受到真、善、美，"使人生美化，使人的性灵寄托于美"②。他坚持以真、善、美为标准来选择社会美育的内容，以美的艺术形式来温润心灵、启迪心智、陶冶道德情操、弘扬崇高的道德理想，让人们在审美愉悦之中增强社会责任感。

尽管蔡元培的很多美育理想在那个积贫赢弱、列强入侵的半殖民地半封建社会难以实现，但值得肯定的是，在中国从传统社会向现代社会转型之际，蔡元培始终站在育人成人的立场上，加强美育在完全人格培育中的地位，坚持中华美育传统的创造性转化和创新性发展，将美育贯穿于培育健全人格的全过程，对我们今天更好地开展人格培育工作仍有重要的借鉴意义。

小结

在风雨如晦的近代中国，蔡元培以教育文化为场域，尝试以完全人格教育思想启蒙国人、孕育新文化，从而达到改造社会的目的，在近代中国思想文化史上产生极为深远的影响。

①中国蔡元培研究会编：《蔡元培全集》（第2卷），杭州：浙江教育出版社，1997，第108页。
②中国蔡元培研究会编：《蔡元培全集》（第4卷），杭州：浙江教育出版社，1997，第336页。

他以兼容并包的精神，在北京大学开创了探求学理、培育人才的新风气，使北京大学成为新文化运动的中心并辐射全国。他在新旧文化对峙、破旧立新的革命中，倡导民主精神，有效地巩固了新文化运动的成果，在客观上为马克思主义的传播开辟了道路，为中国的革命事业培育了优秀人才，影响了中国社会的发展进程。可见，完全人格教育思想所产生的影响已经远远超出了教育领域，超越了五四时代而影响深远。

　　此外，蔡元培完全人格教育思想在早期马克思主义教育家群体中也产生了深刻影响。如青年毛泽东的人格主义教育和杨贤江"完人教育"理念就是在继承和扬弃"完全人格"教育思想基础上发展形成的。由此可以得出，"完全人格"教育思想并不是封闭、固化的，而是向未来敞开的。作为对理想人格的追寻，其教育思想必然会伴随社会发展和对人的本质的认识不断深化，而始终处于丰富和发展之中。这样一种变化深刻地反映了近代中国人的理想信念、行为规范、价值取向等方面的嬗变，为近代社会转型与发展提供了思想动力，也为新时代落实立德树人的根本任务、推动实现人的全面发展、培育担当中华民族复兴大任的时代新人，提供了有益的思想借鉴。

参考文献

一、马克思主义经典著作

[1] 马克思恩格斯全集（第 42 卷）[M]．北京：人民出版社，1979.

[2] 马克思恩格斯文集（第 1 卷）[M]．北京：人民出版社，2009.

[3] 马克思恩格斯全集（第 3 卷）[M]．北京：人民出版社，2010.

[4] 马克思恩格斯文集（第 2 卷）[M]．北京：人民出版社，2009.

[5] 马克思恩格斯文集（第 3 卷）[M]．北京：人民出版社，2009.

[6] 马克思恩格斯文集（第 5 卷）[M]．北京：人民出版社，2009.

[7] 马克思恩格斯文集（第 7 卷）[M]．北京：人民出版社，2009.

[8] 马克思恩格斯文集（第 8 卷）[M]．北京：人民出版社，2009.

[9] 马克思恩格斯选集（第 1 卷）[M]．北京：人民出版社，2012.

[10] 马克思恩格斯选集（第 2 卷）[M]．北京：人民出版社，2012.

[11] 马克思恩格斯选集（第 3 卷）[M]．北京：人民出版社，2012.

[12] 马克思恩格斯选集（第 4 卷）[M]．北京：人民出版社，2012.

[13] 列宁全集（第 25 卷）[M]．北京：人民出版社，2017.

[14] 列宁全集（第 37 卷）[M]．北京：人民出版社，2017.

[15] 毛泽东选集（第 2 卷）[M]．北京：人民出版社，2009.

[16] 毛泽东选集（第 3 卷）[M]．北京：人民出版社，2009.

[17] 毛泽东早期文稿 [M]．长沙：湖南人民出版社，1990.

[18] 习近平．在纪念毛泽东同志诞辰 120 周年座谈会上的讲话 [M]．北京：人民出版社，2013.

二、蔡元培著作

[1] 中国蔡元培研究会编. 蔡元培全集（第1卷）[M]. 杭州：浙江教育出版社，1997.

[2] 中国蔡元培研究会编. 蔡元培全集（第2卷）[M]. 杭州：浙江教育出版社，1997.

[3] 中国蔡元培研究会编. 蔡元培全集（第3卷）[M]. 杭州：浙江教育出版社，1997.

[4] 中国蔡元培研究会编. 蔡元培全集（第4卷）[M]. 杭州：浙江教育出版社，1997.

[5] 中国蔡元培研究会编. 蔡元培全集（第5卷）[M]. 杭州：浙江教育出版社，1997.

[6] 中国蔡元培研究会编. 蔡元培全集（第6卷）[M]. 杭州：浙江教育出版社，1997.

[7] 中国蔡元培研究会编. 蔡元培全集（第7卷）[M]. 杭州：浙江教育出版社，1997.

[8] 中国蔡元培研究会编. 蔡元培全集（第8卷）[M]. 杭州：浙江教育出版社，1997.

[9] 中国蔡元培研究会编. 蔡元培全集（第9卷）[M]. 杭州：浙江教育出版社，1997.

[10] 中国蔡元培研究会编. 蔡元培全集（第10卷）[M]. 杭州：浙江教育出版社，1998.

[11] 中国蔡元培研究会编. 蔡元培全集（第11卷）[M]. 杭州：浙江教育出版社，1998.

[12] 中国蔡元培研究会编. 蔡元培全集（第12卷）[M]. 杭州：浙江教育出版社，1998.

[13] 中国蔡元培研究会编. 蔡元培全集（第13卷）[M]. 杭州：浙江教育出版社，1998.

[14] 中国蔡元培研究会编. 蔡元培全集（第14卷）[M]. 杭州：浙江教育出版社，1998.

[15] 中国蔡元培研究会编. 蔡元培全集（第15卷）[M]. 杭州：浙江教育出版社，1998.

[16] 中国蔡元培研究会编. 蔡元培全集（第16卷）[M]. 杭州：浙江教育出版社，1998.

[17] 中国蔡元培研究会编. 蔡元培全集（第17卷）[M]. 杭州：浙江教育出版社，1998.

[18] 中国蔡元培研究会编. 蔡元培全集（第18卷）[M]. 杭州：浙江教育出版社，1998.

[19] 蔡元培. 蔡子民先生言行录 [M]. 长沙：岳麓书社，2010.

[20] 高平叔编. 蔡元培教育论著选 [M]. 北京：人民教育出版社，2011.

[21] 王世儒编. 蔡元培年谱新编（上卷）[M]. 北京：北京大学出版社，2019.

三、其他学术专著

[1] 蔡建国. 蔡元培与近代中国 [M]. 上海：上海社会科学院出版社，1997.

[2] 梁柱.蔡元培教育思想论析 [M].北京：高等教育出版社，2006.

[3] 梁柱.蔡元培与北京大学 [M].北京：北京大学出版社，1996.

[4] 张晓唯.蔡元培评传 [M].南昌：百花洲文艺出版社，2015.

[5] 金林祥.蔡元培教育思想研究 [M].沈阳：辽宁教育出版社，1994.

[6] 聂振斌.蔡元培及其美学思想 [M].天津：天津人民出版社，1984.

[7] 唐振常.蔡元培传 [M].上海：上海人民出版社，2018.

[8] 崔志海.蔡元培传 [M].北京：红旗出版社，2009.

[9] 丁晓平.世范人师：蔡元培传 [M].北京：作家出版社，2015.

[10] 蔡元培研究会编.蔡元培与现代中国 [M].北京：北京大学出版社，2010.

[11] 蔡元培研究会编.论蔡元培：纪念蔡元培诞辰一百二十周年学术讨论会文集
　　　[M].北京：旅游教育出版社，1989.

[12] 中国蔡元培研究会编.蔡元培纪念集 [M].杭州：浙江教育出版社，1998.

[13] 张汝伦.思考与批判 [M].上海：上海三联书店，1999.

[14] 刘然编.蔡元培评传 [M].北京：中华工商联合出版社，2018.

[15] 陈剑旄.蔡元培伦理思想研究 [M].北京：北京大学出版社，2009.

[16] 汤广全.教育家蔡元培研究 [M].济南：山东人民出版社，2016.

[17] 张传泉.蔡元培时期北京大学治理研究 [M].北京：中国社会科学出版社，2018.

[18] 王明建.蔡元培教育理念与实践 [M].太原：山西人民出版社，2019.

[19] 王玉生.蔡元培大学教育思想论纲 [M].北京：光明日报出版社，2007.

[20] 袁贵仁，韩庆祥.论人的全面发展 [M].南宁：广西人民出版社，2003.

[21] 陈志尚，等.人学新论：马克思主义人学基本理论和重大现实问题研究 [M].
　　北京：人民出版社，2015.

[22] 陈桂生.人的全面发展理论与现时代 [M].上海：上海教育出版社，1988.

[23] 刘黎明.教育学视阈中的人：基于马克思主义人学的思考 [M].北京：科学
　　出版社，2010.

[24] 顾相伟.马克思人的全面发展思想及其当代发展研究 [M].上海：复旦大学
　　出版社，2016.

[25] 何萍 . 马克思主义哲学与文化哲学 [M]. 武汉: 武汉大学出版社, 2002.

[26] 陆扬, 等 . 马克思主义文化理论发展史（上）[M]. 南昌: 百花洲文艺出版社, 2018.

[27] 黄力之, 张春美主编 . 马克思主义文化哲学与现代性 [M]. 上海: 上海三联书店, 2006.

[28] 卢文忠 . 马克思主义文化理论: 一种批判性的研究 [M]. 重庆: 重庆大学出版社, 2020.

[29] 宁德业 . 马克思主义文化理论与中国文化软实力发展研究 [M]. 长沙: 湖南大学出版社, 2021.

[30] 江华 . 中国化马克思主义文化理论 [M]. 青岛: 中国石油大学出版社, 2008.

[31] 赵文静 . 马克思主义的文化理论 [M]. 长春: 吉林出版集团有限责任公司, 2014.

[32] 何中华, 周向军等 . 马克思主义文化理论发展史研究 [M]. 济南: 山东人民出版社, 2022.

[33] 许苏民 . 文化哲学 [M]. 上海: 上海人民出版社, 1990.

[34] 杨竞业 . 文化现代化——从"自由的文化"到"文化的自由"[M]. 武汉: 武汉大学出版社, 2012.

[35] 黄卓越 . 重建"文化"的维度: 文化研究三大话题 [M]. 北京: 人民出版社, 2023.

[36] 邹广文 . 社会发展的文化诉求 [M]. 保定: 河北大学出版社, 2004.

[37] 邹广文, 等 . 当代中国文化自信研究论纲 [M]. 北京: 中国青年出版社, 2020.

[38] 邹广文 . 文化哲学的当代视野 [M]. 济南: 山东大学出版社, 1994.

[39] 邹广文, 常晋芳 . 全球化进程中的人 [M]. 郑州: 河南人民出版社, 2011.

[40] 袁鑫 . 马克思实践哲学视域中的文化哲学 [M]. 北京: 人民出版社, 2021.

[41] 张凤江主编 . 文化哲学概论 [M]. 天津: 天津人民出版社, 2016.

[42] 李华兴主编 . 民国教育史 [M]. 上海: 上海教育出版社, 1997.

[43] 李剑萍, 杨旭 . 中国现代教育史: 中国教育早期现代化研究 [M]. 北京: 人民教育出版社, 2011.

[44] 汪晖 . 文化与政治的变奏: 一战和中国的"思想战"[M]. 上海: 上海人民出

版社，2014.

[45] 汪晖. 去政治化的政治：短 20 世纪的终结与 90 年代 [M]. 北京：生活·读书·新知三联书店，2008.

[46] 汪晖，陈燕谷主编. 文化与公共性 [M]. 北京：生活·读书·新知三联书店，2005.

[47] 耿云志. 近代中国文化转型研究导论 [M]. 成都：四川人民出版社，2008.

[48] 陈国庆编. 中国近代社会转型研究 [M]. 北京：社会科学文献出版社，2005.

[49] 陈旭麓. 近代中国社会的新陈代谢 [M]. 北京：生活·读书·新知三联书店，2017.

[50] 高瑞泉主编. 中国近代社会思潮 [M]. 上海：上海人民出版社，2007.

[51] 蔡尚思，等. 论清末民初中国社会 [M]. 上海：复旦大学出版社，1983.

[52] 林毓生. 中国意识的危机 [M]. 贵阳：贵州人民出版社，1986.

[53] 汪林茂. 晚清文化史（修订版）[M]. 合肥：安徽文艺出版社，2016.

[54] 左玉河. 从四部之学到七科之学：学术分科与近代中国知识系统之创建 [M]. 上海：上海书店出版社，2004.

[55] 刘绍春. 晚清科举制的废除与新教育的兴起 [M]. 北京：中国社会科学出版社，2015.

[56] 干春松. 制度化儒家及其解体（修订版）[M]. 北京：中国人民大学出版社，2012.

[57] 李泽厚. 中国现代思想史论 [M]. 北京：生活·读书·新知三联书店，2015（重印）.

[58] 许纪霖，刘擎主编. 中国启蒙的自觉与焦虑：新文化运动百年省思 [M]. 上海：上海人民出版社，2016.

[59] 陶东风，张蕴艳，吴娱玉编. 新文化运动百年纪念文选 [M]. 北京：中国社会科学出版社，2017.

[60] 郑师渠，史革新，刘勇主编. 文化视野下的近代中国 [M]. 北京：中国传媒大学出版社，2009.

[61] 郑大华，彭平一. 社会结构变迁与近代文化转型 [M]. 成都：四川人民出版社，2008.

[62] 余英时. 中国思想传统的现代诠释 [M]. 南京：江苏人民出版社，2003.

[63] 刘祥英 . 五四新文化运动 [M]. 北京: 时代华文书局, 2016.

[64] 伍启元 . 中国新文化运动概论 [M]. 合肥: 黄山书社, 2008.

[65] 陈万雄 . 五四新文化的源流 (修订版) [M]. 北京: 生活·读书·新知三联书店, 2018.

[66] 郭齐家 . 中国教育的思想遗产: 回望民国 [M]. 北京: 教育科学出版社, 2012.

[67] 舒新城编 . 近代中国教育思想史 [M]. 福州: 福建教育出版社, 2007.

[68] 吴洪成 . 中国近代教育思潮新论 [M]. 北京: 知识产权出版社, 2016.

[69] 田正平 . 调适与转型——传统教育变革的重构与想象 [M]. 北京: 人民教育出版社, 2016.

[70] 丁平一 . 中国近代教育思想发展史 [M]. 贵阳: 贵州教育出版社, 1993.

[71] 刘保刚 . 中国近代公民教育思想研究 [M]. 郑州: 大象出版社, 2017.

[72] 夏正江 . 教育理论哲学基础的反思: 关于 "人" 的问题 [M]. 上海: 上海教育出版社, 2001.

[73] 扈中平 . 教育目的论 [M]. 武汉: 湖北教育出版社, 2004.

[74] 谢长法主编 . 中国中学教育史 [M]. 太原: 山西教育出版社, 2009.

[75] 单连春 . 当代社会人生境界思想研究 [M]. 南京: 江苏人民出版社, 2017.

[76] 陈学恂主编 . 中国近代教育史教学参考资料 (上) [M]. 北京: 人民教育出版社, 1986.

[77] 陈学恂主编 . 中国近代教育史教学参考资料 (中) [M]. 北京: 人民教育出版社, 1987.

[78] 朱有瓛主编 . 中国近代学制史料 (第 2 辑下) [M]. 上海: 华东师范大学出版社, 1989.

[79] 朱有瓛主编 . 中国近代学制史料 (第 3 辑上) [M]. 上海: 华东师范大学出版社, 1990.

[80] 璩鑫圭, 唐良炎编: 中国近代教育史资料汇编——学制演变 [M]. 上海: 上海教育出版社, 1991.

[81] 舒新城 . 近代中国教育史料 (三) [M]. 上海: 上海科学技术文献出版社, 2015.

[82] 舒新城 . 近代中国教育史料（四）[M]. 上海：上海科学技术文献出版社，2015.

[83] 顾明远主编 . 中国教育大系：历代教育制度考（1、2卷）[M]. 武汉：湖北教育出版社，2004.

[84] 宋恩荣，章咸编 . 中华民国教育法规选编（修订版）[M]. 南京：江苏教育出版社，2005.

[85] 吕达 . 课程史论 [M]. 北京：人民教育出版社，1999.

[86] 聂振斌，等 . 思辨的想象：20世纪中国美学主题史 [M]. 昆明：云南大学出版社，2003.

[87] 杜卫主编 . 美育学概论 [M]. 郑州：河南大学出版社，2013.

[88] 李咏吟 . 审美与道德的本源 [M]. 上海：上海人民出版社，2006.

[89] 陈洪捷 . 德国古典大学观及其对中国的影响（第三版）[M]. 北京：北京大学出版社，2015.

[90] 鲍永玲 . 德国早期教化观念史研究 [M]. 上海：上海人民出版社，2018.

[91] 冯建军 . 回归本真："教育与人"的哲学探索 [M]. 北京：中国人民大学出版社，2019.

[92] 付晓秋 . 以美育人、五育并举的一体化育人模式 [M]. 北京：清华大学出版社，2022.

[93] 贺根民编 . 读懂王国维 [M]. 南宁：广西人民出版社，2014.

[94] 贺麟 . 文化与人生 [M]. 上海：上海人民出版社，2019.

[95] 朱义禄 . 儒家理想人格与中国文化 [M]. 沈阳：辽宁教育出版社，1991.

[96] 黄克剑著，亦咏编选 . 黄克剑论教育·学术·人生 [M]. 上海：华东师范大学出版社，2013.

[97] 蒋梦麟 . 过渡时代之思想与教育 [M]. 北京：知识产权出版社，2018.

[98] 董士伟编 . 康有为学术文化随笔 [M]. 北京：中国青年出版社，1999.

[99] 康有为著，谢遐龄编选 . 变法以致升平：康有为文选 [M]. 上海：上海远东出版社，1997.

[100] 康有为著，姜义华、吴根梁编校 . 康有为全集（第2集）[M]. 上海：上海

古籍出版社，1990.

[101] 康有为著，书林主编.康有为文集 [M].北京：线装书局，2009.

[102] 李权之主编.北大老照片 [M].北京：中国对外经济贸易出版社，1998.

[103] 梁从诫编选.薪火四代（下）[M].天津：百花文艺出版社，2003.

[104] 梁启超.梁启超史学论著四种 [M].长沙：岳麓书社，1998.

[105] 梁启超著，书林主编.梁启超文集 [M].北京：线装书局，2009.

[106] 王德峰编选.梁启超文选 [M].上海：上海远东出版社，2011.

[107] 中国文化书院学术委员会编.梁漱溟全集（第6卷）[M].济南：山东人民
出版社，2005.

[108] 吴晓明，王德峰编选.鲁迅文选 [M].上海：上海远东出版社，2011.

[109] 清华大学国学研究院主编，方麟选编.王国维文存 [M].南京：江苏人民出
版社，2014.

[110] 谭嗣同著，吴海兰评注.仁学 [M].北京：华夏出版社，2002.

[111] 严复著，胡伟希选注.论世变之亟：严复集 [M].沈阳：辽宁人民出版社，1994.

[112] 严复著，王宪明编.严复学术文化随笔 [M].北京：中国青年出版社，1999.

[113] 严修自订，高凌雯补，严仁曾增编.严修年谱 [M].济南：齐鲁书社，1990.

[114] 杨河，邓安庆.康德黑格尔哲学在中国 [M].北京：首都师范大学出版社，2002.

[115] 杨贤江.杨贤江全集（第1卷）[M].郑州：河南教育出版社，1995.

[116] 杨贤江.杨贤江全集（第4卷）[M].郑州：河南教育出版社，1995.

[117] 曲炜.人格之谜 [M].北京：中国人民大学出版社，1991.

[118] 杨晓.中日近代教育关系史 [M].北京：人民教育出版社，2004.

[119] 杨祖陶，邓晓芒.康德《纯粹理性批判》指要 [M].长沙：湖南教育出版
社，1996.

[120] 应星.新教育场域的兴起1895—1926[M].北京：生活·读书·新知三联书
店，2017.

[121] 虞和平主编.中国现代化历程（第1卷）[M].南京：江苏人民出版社，2007.

[122] 郑大华，任菁编选.强学：戊戌时论选 [M].沈阳：辽宁人民出版社，1994.

[123] 曹卫东 . 权力的他者 [M]. 上海：上海教育出版社，2004.

[124] 朱永新编 . 叶圣陶教育名篇选 [M]. 北京：人民教育出版社，2014.

[125] 汤一介编 . 北大校长与中国文化 [M]. 北京：北京大学出版社，2010.

[126] 曾文婕 . 学习哲学论：学习型社会建设的深化路径研究 [M]. 北京：人民教育出版社，2017.

[127][德] 弗里德里希·席勒 . 审美教育书简 [M]. 冯至，范大灿译 . 上海：上海人民出版社，2022.

[128][美] 费正清，[美] 费维恺编 . 剑桥中华民国史 1912—1949 年（上、下卷）[M]. 刘敬坤等译 . 北京：中国社会科学出版社，1994.

[129][德] 卡尔·曼海姆 . 文化社会学论要 [M]. 刘继同，左芙蓉译 . 北京：中国城市出版社，2002.

[130][德] 马克思·舍勒 . 哲学人类学 [M]. 魏育青，罗悌伦等译 . 北京：北京师范大学出版社，2014.

[131][德] 伊曼努尔·康德 . 判断力批判 [M]. 李秋零译 . 北京：中国人民大学出版社，2011.

[132][德] 尼采著，赵修义选编 . 重估一切价值：尼采如是说 [M]. 上海：上海文艺出版社，1994.

[133][加] 许美德 . 中国大学 1895—1995 一个文化冲突的世纪 [M]. 许洁英主译 . 北京：教育科学出版社，2000.

[134][美] 赫伯特·马尔库塞 . 单向度的人：发达工业社会意识形态研究 [M]. 刘继译 . 上海：上海译文出版社，2008.

[135][美] 克拉克·威斯勒 . 人与文化 [M]. 钱岗南，傅志强译 . 北京：商务印书馆，2004.

[136][美] 塞缪尔·亨廷顿，[美] 劳伦斯·哈里森主编 . 文化的重要作用——价值观如何影响人类进步 [M]. 程克雄译 . 北京：新华出版社，2002.

[137][日] 佐藤慎一 . 近代中国的知识分子与文明 [M]. 刘岳兵译 . 南京：江苏人民出版社，2006.

[138][美] 施沃茨. 严复与西方 [M]. 滕复等译. 北京: 职工教育出版社, 1990.

[139][美] 阿历克斯·英格尔斯, 等. 人的现代化 [M]. 殷陆君编译. 成都: 四川人民出版社, 1985.

[140][匈] 卢卡奇. 历史与阶级意识 [M]. 杜章智, 任立, 燕宏远译. 北京: 商务印书馆, 2017.

[141][意] 安东尼奥·葛兰西. 狱中札记 [M]. 曹雷雨等译. 北京: 中国社会科学出版社, 2000.

[142][英] 阿伦·布洛克. 西方人文主义传统 [M]. 董乐山译. 北京: 生活·读书·新知三联书店, 1997.

四、期刊

[1] 班建武. 适应与超越: 蔡元培德育思想的两个向度 [J]. 现代大学教育, 2009 (6).

[2] 陈剑旄. 蔡元培德育思想及其当代价值 [J]. 思想教育研究, 2004 (4).

[3] 郭建荣. 蔡元培美育思想探析 [J]. 北京大学学报 (哲学社会科学版), 2008 (4).

[4] 肖川. 蔡元培教育思想的现代诠释 [J]. 教育发展研究, 2000 (12).

[5] 梁柱. 蔡元培教育思想的渊源与特点 [J]. 高校理论战线, 2007 (04).

[6] 郭勇. 从"无利害"到"似无用, 非无用"——试论蔡元培对康德美学思想的吸收与改造 [J]. 三峡大学学报 (人文社会科学版), 2009 (5).

[7] 熊春文. 实质民主与形式自由——对蔡元培民初教育思想的一种知识社会学解读 [J]. 社会学研究, 2006 (01).

[8] 田正平. 蔡元培与民初教育改革 [J]. 高等教育研究, 2011 (07).

[9] 徐永赞, 潘立勇. 蔡元培完全人格教育思想 [J]. 河北学刊, 2006 (03).

[10] 季爱民, 季晓宁. 试析蔡元培完全人格之教育思想 [J]. 教育探索, 2009 (07).

[11] 陈家顺. 中国教育近代化中的"人的全面发展": 从三育到五育的嬗变 [J]. 河南教育学院学报 (哲学社会科学版), 2008 (3).

[12] 李贵希, 刘花雨. 蔡元培教育独立思想与实践: 变革失败原因探溯 [J]. 现代

教育论丛，2009（03）.

[13] 李宜江. 蔡元培德育观及其对立德树人落实机制的启示 [J]. 齐鲁学刊，
    2022（04）.

[14] 袁洪亮. 国民性改造视野下的德育新思路——论蔡元培《中学修身教科书》
    中的德育思想 [J]. 中国德育，2010（9）.

[15] 姚文放. 蔡元培"以美育代宗教"说对于康德的接受与改造 [J]. 社会科学辑
    刊，2013（01）.

[16] 陈望衡. 美是一种价值的形容词——简评蔡元培的美本体论 [J]. 安徽师范大
    学学报（人文社会科学版），2000（4）.

[17] 叶隽. 严复、蔡元培在北大精神初构中的影响评析 [J]. 高等教育研究，2010
    （04）.

[18] 韩延明. 蔡元培与青年毛泽东——纪念蔡元培任职北京大学校长 100 周年
    [J]. 山东师范大学学报（人文社会科学版），2018（1）.

[19] 黄书光. 论蔡元培的教育哲学观 [J]. 福建论坛（人文社会科学版），2001（02）.

[20] 刘成纪. 蔡元培"以美育代宗教说"的历史语境和现代价值 [J]. 美术，2018（01）.

[21] 刘彦顺，张旭霞. 宗教消解、审美普遍性、礼乐制度的时间性——审美时间
    哲学视域中的蔡元培"以美育代宗教"思想 [J]. 淮北师范大学学报（哲学社
    会科学版），2018（02）.

[22] 彭锋. 从狭义美学到广义美学——兼论蔡元培美学的现代意义 [J]. 北京大学
    学报（哲学社会科学版），2005（03）.

[23] 杜卫. "感性启蒙"："以美育代宗教说"新解 [J]. 浙江社会科学，2003（5）.

[24] 席格. 蔡元培美育观与传统礼乐的现代转进 [J]. 郑州大学学报（哲学社会科
    学版），2020（03）.

[25] 聂振斌. "美善相乐"与"礼乐相济"述论 [J]. 学术月刊，1990（06）.

[26] 罗永华，扈中平. 蔡元培"世界观教育"的三重意蕴与启示 [J]. 绍兴文理学
    院学报，2022（6）.

[27] 孙小礼. 蔡元培的科学观——纪念蔡元培诞辰 130 周年 [J]. 自然辩证法研

究，1998（05）.

[28] 李文堂．马克思关于"人"的概念 [J]．南京大学学报（哲学·人文科学·社会科学版），2010（06）.

[29] 孙迎光．马克思"完整的人"的思想对当代教育的启示 [J]．南京社会科学，2011（5）.

[30] 孙传远，阚逍．关于完整人的思考 [J]．现代教育论丛，2010（02）.

[31] 欧阳哲生．评蔡元培的中西文化观 [J]．清华大学学报（哲学社会科学版），2009（02）.

[32] 叶隽．蔡元培的法国情结及大学区制移植的制度史意义 [J]．教育学报，2010（04）.

[33] 蔡磊砢．蔡元培的中西文化观：对法国文化的认识与引荐 [J]．中山大学学报（社会科学版），2021（05）.

[34] 蔡建国．在传统与近代化之间——蔡元培文化思想再论 [J]．史林，1996（03）.

[35] 叶隽．王国维、蔡元培等人对德系资源的比较接受及其相关教育理想 [J]．教育学报，2013（03）.

[36] 陈秉公．中国传统人格发展历程与当代理想人格模式建构 [J]．思想理论教育，2015（10）.

[37] 石中英，安传迎．努力培养青少年的健全和高尚人格 ——习近平有关人格和人格教育重要论述研究 [J]．中国教育学刊，2022（07）.

[38] 杜金亮．人的现代化与人的全面发展 [J]．山东社会科学，2000（04）.

[39] 李润洲．完整的人及其教育意蕴 [J]．教育研究，2020（04）.

[40] 李松林．以整体的教育培养整体的人——五育融合教学的框架与方法 [J]．课程·教材·教法，2021（11）.

[41] 庞学光．培养真善美统一的完满人格——教育的终极目标论纲 [J]．教育理论与实践，1998（04）.

[42] 蔡中宏，麻艳香．培养人：教育发展的根本目的和使命——文化哲学视角下的教师专业化发展 [J]．甘肃社会科学，2012（1）.

[43] 朱浩，黄志斌．关于"和谐人格"的理论探讨 [J]．科学技术与辩证法，2003（04）.

[44] 王列盈 . 论蔡元培的五育并举教育思想 [J]. 教育评论, 2009（03）.

[45] 张勤 . 蔡元培"完全人格"教育与和谐发展 [J]. 教育与职业, 2008（21）.

[46] 张立杰 . 蔡元培的教育现代化思路 [J]. 中共天津市委党校学报, 1999（01）.

[47] 何叙, 律海涛 . 梁启超的体育观 [J]. 体育文化导刊, 2005（04）.

[48] 胡旭 . 蔡元培"完全人格首在体育"的思想及实践研究 [J]. 学校党建与思想
教育, 2009（36）.

[49] 陈乔见 . 清末民初的"公德私德"之辩及其当代启示——从"美德统一性"
的视域看 [J]. 文史哲, 2020（5）.

[50] 黄裕生 . 莫使百年回归成复古——关于儒家经典重归国民教育的思考 [J]. 齐
鲁学刊, 2018（03）.

[51] 洪明 . 读经论争的百年回眸 [J]. 教育学报, 2012（01）.

[52] 毛朝晖 . 进化论与蔡元培之"废经" [J]. 高教发展与评估, 2021（05）.

[53] 许锡良 . 蔡元培当年为什么要废止读经 [J]. 上海教育科研, 2016（10）.

[54] 左玉河 . 民国初年的信仰危机与尊孔思潮 [J]. 郑州大学学报（哲学社会科学
版）, 2012（01）.

[55] 黄裕生 . 康德对感性论的变革——一种存在论阐释的尝试 [J]. 哲学研究,
2004（08）.

[56] 陈家顺 . 导入和整合：康德教育哲学思想在近代中国 [J]. 高等农业教育,
2007（5）.

[57] 梁柱 . 蔡元培与中国共产党 [J]. 高校理论战线, 2008（07）.

[58] 陈少卿 . 留法勤工俭学群体接受马克思主义过程再探讨 [J]. 中共党史研究,
2018（7）.

[59] 毛传清 . 马克思主义传入中国的三条渠道之比较 [J]. 武汉交通科技大学学报
（社会科学版）, 2000（04）.

[60] 邓晓芒 . 作为"大科学"的人文科学——一种"正位论"的思考 [J]. 哲学分
析, 2016（2）.

[61] 邓银城, 陈丁堂 . 人文教育·科学教育·完人教育 [J]. 湖南师范大学教育科学

学报, 2003（2）.

[62] 涂又光 . 论人文精神 [J]. 高等教育研究, 1996（05）.

[63] 万俊人 . 教育作为一项人文使命 [J]. 现代大学教育, 2018（02）.

[64] 张汝伦, 王晓明, 朱学勤, 等 . 人文精神寻思录之一——人文精神：是否可能和如何可能 [J]. 读书, 1994（03）.

[65] 刘绍春 . 人文教育培养什么样的人——兼论人文教育的功能 [J]. 教育理论与实践, 1999（04）.

[66] 甘阳 . 大学人文教育的理念、目标与模式 [J]. 北京大学教育评论, 2006（3）.

[67] 项贤明 . 当代学校教育中的科学和人文危机 [J]. 中国教育学刊, 2020（08）.

[68] 李雷 . 美育立人与美术革新——从美育看现代中国"美术革命"的发生 [J]. 美术研究, 2019（04）.

[69] 李静 . 北大的美育传统与音乐教育 [J]. 北京大学学报（哲学社会科学版）, 2001（05）.

[70] 冯建军 . 构建德智体美劳全面培养的教育体系：理据与策略 [J]. 西北师大学报（社会科学版）, 2020（3）.

[71] 班建武 . "五育融合"的基本前提及其实践逻辑 [J]. 中小学校长, 2022（8）.

[72] 宁本涛 . "五育融合"与中国基础教育生态重建 [J]. 中国电化教育, 2020（05）.

[73] 李文堂 . 坚定文化自信激发人民文化创造活力 [J]. 中国党政干部论坛, 2021（02）.

[74] 李文堂 . 中国式现代化与中国共产党的领导力 [J]. 中国领导科学, 2022（06）.

[75] 廖小平 . 公德和私德的厘定与公民道德建设的任务 [J]. 社会科学, 2002（02）.

[76] 杨宗元 . 坚持立德树人 弘扬中华美育精神 [J]. 红旗文稿, 2022（08）.

[77] 何怀宏 . 晚清科场的衰落与改革 [J]. 中国青年政治学院学报, 1998（01）.

[78] 郑师渠 . 角色·个性：蔡元培与新文化运动 [J]. 北京师范大学学报（社会科学版）, 2009（03）.

[79] 高伟 . 论中国教育的现代化——基于文化现代化的视角 [J]. 陕西师范大学学报（哲学社会科学版）, 2015（06）.

[80] 田正平, 杨晓 . 辛亥革命与中国教育近代化 [J]. 浙江大学学报（人文社会科